Herderbücherei

Band 1336

Über das Buch

Gute Jahre im Alter sind ein Geschenk. Aber man kann einiges tun, um zu den Beschenkten zu gehören. Davon handelt dieses Buch. Es ist geschrieben von einem Arzt, der selbst schon „in die Jahre" gekommen ist. Seine „Kunst des Alterns", die auch eigene Erfahrungen widerspiegelt, will zu einer bewußteren Lebensführung anleiten. Ohne die spezifischen Beschwernisse zu verdrängen, öffnet der Autor den Blick für ein erfülltes Leben, auch in späten Jahren.

Über den Autor

Heinrich Schipperges, geb. 17. März 1918 in Kleinenbroich (Niederrhein). Studium der Medizin und Philosophie in Bonn und Düsseldorf. 1951 Dr. med.; 1952 Dr. phil.; 1960 Facharzt für Neurologie und Psychiatrie. Seit 1961 Direktor des Instituts für Geschichte der Medizin an der Universität Heidelberg. 1979 Ehrendoktor der Universidad Complutense zu Madrid. Über 600 wissenschaftliche Veröffentlichungen.

Heinrich Schipperges

Sein Alter leben

Wege zu erfüllten späten Jahren

Herderbücherei

Originalausgabe
erstmals veröffentlicht als Herder-Taschenbuch

Buchumschlag: Walter Emmrich

Alle Rechte vorbehalten – Printed in Germany
© Verlag Herder Freiburg im Breisgau 1986
Herder Freiburg · Basel · Wien
Herstellung: Freiburger Graphische Betriebe 1986
ISBN 3-451-08336-1

Inhalt

Vorwort   7

Einstimmung
Altern – eine Herausforderung für alle   9

ERSTER TEIL
Das gesunde Altern

1. Physiologie des Alters 19
2. Älter werden 23
3. Exkurs über die Zeit 26
4. Das befristete Leben als Problem 30
5. Altern lassen 35
6. Mit den Jahren in die Jahre kommen 36

ZWEITER TEIL
Altern als Verfallen

1. Pathologie des Alters 41
2. Leben – die Reise zum Tode 43
3. Verschiebung der Altersstruktur 45
4. Medizin zwischen Pädiatrie und Geriatrie 49
5. Alter als Krankheit 54
6. Heilloses Altern 58

DRITTER TEIL
Lebensführung im Alter

1. Sichergehen in freier Natur 67
2. Die Ernährung im Alter 69
3. Bewegung und Ruhe im Wechselspiel 75
4. Vom Glück des Schlafens 78
5. Sexualität im Alter 81
6. Zur Kultur der Leidenschaften 84

VIERTER TEIL
Das heilsame Alter

1. Altern lernen 91
2. Altern als soziales Schicksal 95
3. Mögliche Dienste der Alten 97
4. Therapeutische Prinzipien im Alter 100
5. Rehabilitation als Resozialisation 105
6. Sein Alter leben 112
7. Lob des Alters 116

Literatur 120

Vorwort

In den letzten Jahren wurde ich – langsam auch in die Jahre kommend – mehrfach und zu ganz verschiedenen Anlässen gebeten, mir über das Altern Gedanken zu machen und dann auch öffentlich darüber zu reden. So sprach ich im Sommer 1974 vor der Katholischen Ärztearbeit in Fulda über das Thema: „Altern als Provokation", im Oktober 1974 vor der Katholischen Arbeitnehmer-Bewegung in Haltern über „Altern – eine Herausforderung für uns alle", im Mai 1982 bei den Geriatrischen Gesprächen in Bad Soden über „Gesundheit im Alter", im Sommer 1982 vor den Kneipp-Ärzten in Bad Neuenahr wie auch im September 1982 auf dem Gesundheitsforum in Bad Mergentheim über „Altern – das Abenteuer des Lebens". Inzwischen bin ich – auf abenteuerliche Weise – abermals älter geworden, reifer (wie man wohl meint, aber auch weiser?). Ein paar freie Wochen habe ich dazu benutzt, meine „Weisheiten" zu sammeln, zu bündeln, zu veröffentlichen. Denn Altern ist – wie ich meinen möchte – immer noch eine Herausforderung für uns alle!

Einstimmung

Altern – eine Herausforderung für alle

1.

Altern – das Abenteuer des Lebens! Das Abenteuer beginnt sofort: mit dem ersten Atemzug, dem Urschrei, und dann sehr bald schon dem ersten bewußten „Ich bin... ich bleibe... ich gehe dahin..." Man ist unter Weges, auf großer Fahrt, mitten im Trubel, und keiner weiß so recht, wie es mal endet. Altern beginnt mit der Geburt, und schon im Mutterleib. Aber es beschleunigt sich dann, mit dem 30. Jahr, wird rasant mit dem 50., ist ganz eklatant geworden mit dem 60., dem 70., dem 80. Jahr!

Auch hier zeigt sich wieder: Der Mensch ist immer alt und jung zugleich. Was auch wäre relativer als Alt-Sein! Alter schützt vor Jugend nicht, wie man so schön sagt, und: Willst du alt werden, mußt du jung anfangen, und: Jugend wird von selber alt! Zum Sterben sind wir geboren, lebendig nur mit der Krankheit zum Tode.

Was auch will man vom Tod schon wissen, wenn man nicht weiß, was Leben heißt; was wüßte man vom Leben, solange man nicht weiß, was Altern meint. Altern aber meint: mit den Jahren in die Jahre kommen, um die Zeit wissen, mit der Zeit gehen, in der Zeit stehen und auch gegen die Zeit. Altern heißt: gehen und vergehen, sich wandeln, ohne sein Inbild zu verlieren, ein winziges Stück Erfahrung jeweils und immer wieder von neuem hinüberreißen in ein großes Stück Hoffnung.

Vom Altern als einem Abenteuer des Lebens zu sprechen, das wird gar nicht anders möglich sein, als immer wieder auch von sich selber zu sprechen, mit sich selbst zu reden, sich zu sich selbst zu bekennen. Man kann im Grunde nur immer sich selbst meinen oder aber das, was uns alle betrifft.

„Mein Leben ein einzig Abenteuer", so nannte es Goethe in den Vorarbeiten zu „Dichtung und Wahrheit", wahrhaft das Abenteuer des Lebens als eine Reise in ein fernes Land, dessen Ausmaße und Grenzen keiner kennt, ein Abenteuer, das auf großer Fahrt einfach unterwegs erfahren werden muß, um bestanden zu sein, mit allen Gefahren, die einem widerfahren, und dies nicht von ungefähr. Denn: „Soviel Neues ich finde", schreibt Goethe, „find' ich doch nichts Unerwartetes, es paßt alles und schließt sich an... es kommt mir alles entgegen".

2.

Angesichts der Fülle an Phänomenen, die uns von überall entgegen kommen, wüßte ich bei dieser Thematik keinen anderen Weg, als mich zu retten auf die alte klassische Dreigliederung der Medizin: das Wissen um das Gesunde (die Physiologie), unsere Erfahrungen von Kranksein (die Pathologie) und die Möglichkeit zu helfen und zu heilen (die Therapie). Wir sollten daher nachdenken über 1. das physiologische Altern, das so ganz gesunde „mit den Jahren in die Jahre" kommen, das also, was der Weltgesundheitstag 1982 wohl meinte mit seinem Motto: „Älter werden – aktiv bleiben"; 2. die Pathologie der Alternsprozesse, Altern als Verfallen, das oft so heillose Alter auch, ein so entsetzlich hilfloses Dahinwelken, Davongehen, Absacken, Verschwinden, Nicht-mehr-da-sein; um abschließend dann 3. aber auch „das heilsame Alter" zu bedenken, die „höhere Lebensqualität im Alter", mit allen therapeutischen Möglichkeiten, aber sicherlich auch Grenzen.

Zwischen Physiologie und Therapie aber liegt ein ganz wichtiges Kapitel, auf das besonders hinzuweisen mir am Herzen liegt: die diätetische Lebensführung im Alter, diese so feine und kaum jemals auszulotende und auszulebende „Kunst zu leben", die am ehesten Gesundheit bis ins hohe Alter zu garantieren vermag und die uns bei allen Gebrechen des nun doch einmal Altgewordenseins am besten verspricht, zu helfen, zu lindern oder wenigstens zu trösten.

3.

Das ist schon ein tolles Thema, auf das ich zur Einstimmung nur hinweisen wollte, mit diesem kleinen Präludium, aus dem sie nun aufklingen sollten, lauter Variationen zum Thema, Wegweisung für eine Fahrt, die uns in ein Abenteuer führen wird, wie es weiter und wilder nicht gedacht sein kann!

Unter Weges erst wird man all die Gefahren gewahren, die einen auf dieser Fahrt überfallen können: alle die Leitbilder und Wegweiser, alle Warntafeln auch, immer wieder neue Vergleiche, die treffen und mehr noch verfehlen. Es gibt kaum ein Ereignis oder ein Geschehen, mit dem man das Altern nicht verglichen hätte.

Da ist die Rede vom „Abend" des Lebens, als ob je wieder ein „Morgen" folgen würde! Da wird der Vergleich gezogen mit einem juristischen Verfahren, einem Prozeß, den wir unser Leben lang zu führen haben, um ihn am Ende doch zu verlieren. Da finden wir das alte schöne trauliche Bild der Lebenskurve mit einem aufsteigenden und absteigenden Ast, das freilich auch nicht mehr zieht. Wir erleben die Lebensphasen eher als ein dauerndes Wachstum, wobei das Alter die Erfahrungen der Kindheit, der Jugend, der Lebensmitte eher einschließt, entfaltet, erfüllt. Natürlich sind in allen Stadien, und besonders im Alter, Gewinne mit Verlusten verbunden, die sich aber, in einem gesunden Familienverband etwa, immer wieder aufzuheben oder auszugleichen vermögen.

Jahrtausende einer Kultur- und Sittengeschichte, nicht zuletzt die Epochen der Heilkunde, sind voll von Wissen und Weisheit um Altwerden, von leidvollen Erfahrungen des Verfallens im Alter, von heilsamer Weisheit auch im Altwerden und Altsein.

„Man sagt sich oft im Leben" – schreibt Goethe in seinen „Maximen und Reflexionen" –, „daß man die Vielgeschäftigkeit, Polypragmosyne, vermeiden, besonders, je älter man wird, sich desto weniger in ein neues Geschäft einlassen solle. Aber man hat gut reden (fährt Goethe fort), gut sich und anderen raten. Älter werden heißt selbst ein neues Geschäft antreten; alle Verhältnisse ändern sich, und man muß entweder zu handeln ganz aufhören oder mit Willen und Bewußtsein das neue Rollenfach übernehmen". Ein neues Rollenfach übernehmen! Schön und gut! Aber wie? Das ist die Frage! Altern wäre demnach nichts anderes als sich einstimmen in ein neues Rollenfach? Wann aber beginnt wohl dieser Übergang ins dritte und letzte Leben, und wie und wo übernehmen wir diese neue Rolle? „Jetzt, da das Alter kommt", schrieb Goethe am 27. Juni 1782, gerade 31 Jahre alt! „Mein Herbst ist da", so lesen wir bei Novalis, der damals (1797) kaum 25 Jahre alt war: „Ich will mich nicht übereilen und langsam eines vollenden, um mich selbst vollenden zu lernen." Vier Jahre später starb er, mit 30 Jahren wahrhaftig ein Frühvollendeter!

Wie wird man sie auf einen Nenner bringen, solche Lebensläufe: 6 Jahre darf man spielen, 20 Jahre muß man büffeln, um 40 Jahre der Arbeit zu frönen und sich eines ungesicherten Lebensabends zu erfreuen, mehr oder weniger ausgesetzt einem moralischen und schließlich dann auch physischen Tod. Das ist in der Regel der Rahmen, in dem wir unser Selbst und damit wirklich uns selber zu verwirklichen haben!

4.

Altern –, das ist schon eine Herausforderung für uns alle, wie ich meinen möchte, in der Tat eine Provokation, ein so ungemein hartnäckiges Phänomen, das uns immer wieder von neuem herausfordert, in einer notwendig befristeten Existenz Stellung zu nehmen, da zu sein, wach zu bleiben, ohne sich zwischendurch allzusehr einlullen zu lassen vom trägen Strome der Zeit. Herausforderung fordert aber auch – wenn man den provokativen Ton überhaupt ernstnehmen will – eine Antwort.

Und wenn ich es eine Herausforderung für uns alle genannt habe, dann sind nun auch wirklich alle damit gemeint: die Alten wie die Jungen, der Einzelne wie die Gesellschaft, die Wissenschaften wie die Kirchen, alle eben: Reiche und Arme, Schwarze und Gelbe, Mann und Frau, wir alle, jeder einzelne von uns ganz persönlich! Wenn wir uns daher einem solchen Thema wirklich stellen, dann sollten wir das sehr behutsam tun, Schritt für Schritt, Schicht um Schicht entdeckend – da läßt sich nichts ein für allemal sagen.

In seinen „Wanderjahren" hat Goethe die tiefsinnige Bemerkung gemacht: Man könne das Überlieferte sich nicht gleich zu eigen machen; „wie dieses und jenes passe, unter was für Umständen, in welcher Folge die Dinge zu gebrauchen seien, dazu gehört Übung und Nachdenken". Das wachsende Dilemma des Alterns ist nun einmal die Aporie unseres Daseins. Hier stehen wir einfach vor der Lebensgrenze, einer Grenze, die bei allem Freiraum weiterer Entscheidungen immer definitiver wird und die einmal unweigerlich endgültig ist.

Ich möchte daher in einer ersten Etappe unserer Wanderung einfach einmal all das vorbeiziehen lassen, was wir so schlicht nennen: *Altern lassen,* mit den Jahren in die Jahre kommen, mit einer gehaltenen Gelassenheit und gelassenen Gehaltenheit. In einem zweiten Schritt sollten wir dann kritischer bedenken, was das heißt: *Älter werden,* immer älter und vielleicht auch bewußter, sich seiner selbst bewußt werden. Damit verbunden ist eine gewisse *Lebensführung im Alter,* der wir in einem dritten Abschnitt möglichst konkret – Schritt für Schritt – nachgehen sollten. Im vierten und letzten Teil sollte ich dann noch einmal eingehen auf das Thema: *Altern lernen* und Altern lehren, zu einer Rehabilitation auch und gerade des älteren Menschen kommen, um das zu erzielen, was ich einmal programmatisch nennen möchte: „*Sein Alter leben*".

Und vielleicht beginnen wir zwischendurch auch zu ahnen, was wir uns da angelastet haben mit einer solch provokativen Fragestellung, beginnen wir – vielleicht – die Herausforderung zu ahnen, die wir uns angetan haben.

Der Philosoph Kierkegaard hat einmal von einer „Konzentration des Ahnens" gesprochen in jener immer leidvollen Kunst des Beobachtens der Dinge, in der man gleichsam von der Idee geschwängert wird, um dann fortzufahren: „Wenn der Mensch diese Weiblichkeit nicht hat, daß die Idee ins richtige Verhältnis zu ihm kommt, welches immer ein Beschlafen ist, dann taugt er nicht zur Beobachtung; denn wer das Totale nicht entdeckt, entdeckt eigentlich nichts".

Um das Totale am Phänomen des Alters zu entdecken, muß man aufs Ganze gehen, auf das Leben selbst mit all seinen Phasen und Schichten, seinen Verflechtungen und Verwirklichungen, die es immer wieder und gerade im Alter zu entdecken gilt. Wir werden uns dabei immer wieder auch auf die großen Dichter und Denker, auf die alten Ärzte berufen müssen, so wenig dieses Herausrufen auch unserer eigenen Zeit noch zu entsprechen scheint. Denn: „Eine Gesellschaft, die dauernd diese Teddys und Freddys produziert, die immer nur jung, poppig und pepsicolafrisch sein will, hat das Recht verwirkt, sich auf Goethe, Rembrandt und Albert Schweitzer zu berufen." So sieht Horst Krüger (1974) unsere moderne Gesellschaft, „die das Jungsein vergottet, deren gesamte Konsum- und Produktionsdynamik um das ewige Kindergesicht der Zwanzigjährigen rotiert."

Nur zu willfährig sucht sich diese unsere Gesellschaft von

den in ihr wuchernden Hohlformen zu entlasten, sucht sie zu verdrängen in „Heime" und „Horte" und „Gärten", und wie all die klingenden Namen heutzutage heißen für die Ghettos und Kasernen, in denen sich die Subkulturen einnisten für die Jugendlichen, die Alten, die Süchtigen, Subkulturen, die in toto nur zu leicht zu dem führen könnten, was Jürgen Moltmann einmal die „Segregationsgesellschaft" genannt hat. Es sei wahrlich kein Vergnügen, so erklärte kürzlich noch der Generaldirektor der Weltgesundheitsorganisation in Genf, Halfdan Mahler, „in dieser unserer Gesellschaft ein alter Mensch zu sein".

Ein hartes Gesetz – sicherlich –, das notwendig seine Konsequenzen zeitigt. Wird man nämlich dieses Altern nicht lernen, so wird das Alter noch mehr sein als eine Provokation, eher ein Unfug, lauter Unsinn – purer Nonsens!

5.

Hier stoßen wir auf ein besonders spannendes Kapitel, in das wir alle eingespannt sind. Wie ist denn – wenn wir die Situation einmal ganz nüchtern betrachten – die Lage heute? Bevor wir darauf eine Antwort finden, sollte ich eine kleine Geschichte einblenden, die uns mehr als bedenklich zurückläßt:

„In Indien wurden früher die Alten auf große Bäume am Ganges gesetzt, und dann begann ein Schütteln. Die sich nicht mehr halten konnten, fielen in den Fluß und wurden weggeschwemmt." Diesen erstaunlichen Vorgang erzählte Theodor Fontane im Mai 1892 seinem Freund Friedländer, um dann – und hier erst beginnt die Geschichte interessant zu werden – fortzufahren: „Wenn man in die Herzen sehen könnte, würde man finden, daß dies Verfahren auch bei uns stille Anhänger zählt."

In der Tat wird nicht erst heute – und sicherlich mehr noch morgen – nicht sehr sanft geschüttelt an den Lebensbäumen der Alten. Altern ist uns zu einer fortschreitenden Entfremdung geworden. Man versteht die Welt nicht mehr, und er, der Alternde, kann sie auch nicht verstehen. Man spricht von der Sackgasse des Alters, von der Durststrecke zum Tod, von der „auf Widerruf gestundeten Zeit", in der es gilt, nur zu bald auch einzurücken in die „Große Armee" der Alten. Altern ist zu einer wachsenden Provokation geworden, Provokation der Medizin und der Theologie, Provokation für jeden einzelnen, Provokation der Gesellschaft, die auch keinen anderen Rat weiß, als immer neue Auswege und Ausflüchte zu erfinden.

So erfindet man heutzutage neben der Dritten Welt, einem Dritten Stand, nach dem Dritten Reich nun auch noch: das dritte Leben! Aber existiert er denn wirklich, dieser „Mensch des dritten Lebens", der gar nicht zu denken wäre ohne das zweite und ein erstes Leben? Gibt es für diese Lebens-Phase wirklich einen eigenen Stand, den „Ruhe-Stand"? Sollten wir uns zufrieden geben müssen mit dieser so blassen Redensart vom „Lebens-Abend", dem kein „Morgen des Lebens" mehr folgt? Mit dem Gerede vom „Lebensabend" wird doch nur ein im Grunde tragischer Konflikt zur schönen, bequemen Idylle, zum „Goldenen Herbst" heruntergeschwindelt – und wie die Phrasen alle so heißen.

Lebensabende – sagt Gottfried Benn: „diese Lebensabende! Die meisten mit Armut, Husten, krummem Rücken...". Das Reißen kommt, „das Reißen in Schultern und Knie, und die dunkele Melancholie". Die Galle, sie arbeitet stärker im Alter, vor allem die Schwarze Galle, der „humor melancholicus". Das ist der winterliche Saft der Schwermut, des Tiefsinns, auch der Philosophie, die vielleicht noch ein letztes Mal auf Schwung gebracht werden könnte.

Alles das erscheint als eine Provokation! Provocare, das meint zunächst einmal: aufrufen, anregen, auch reizen; dann aber auch: herausfordern und fordern, hervorlocken und in Anspruch nehmen, belangen und stellen, wirklich auf den Punkt stellen! Nehmen wir also Stellung und lassen uns einmal – Punkt für Punkt – ein auf diese Provokation!

Erster Teil

DAS GESUNDE ALTERN

1. Physiologie des Alters

Bei unserer abenteuerlichen Wanderung durch die Gefilde der Alterslandschaft sollten wir unbedingt beginnen mit der Physiologie des Alters, dem gesunden Altern, der so ganz und gar normalen Weise, wie man mit den Jahren in die Jahre kommt, freilich in der Regel mehr schlecht als recht. Gesundheit im Alter ist denn auch zu allen Zeiten als ein eher negatives Phänomen erlebt worden: daß einem nichts fehlt, daß es noch geht, man noch da ist und relativ gut dabei, wenn auch nicht mehr so ganz, wie es mal war, wie es sein sollte.

Und das wäre nun schon ein erstes Kriterium, auch für die Gesundheit im Alter! Denn – so schon der Arzt Herophilos aus dem hellenistischen Alexandreia – „wo Gesundheit fehlt, kann Weisheit nicht offenbar werden, Kunst keinen Ausdruck finden, Stärke kann nicht kämpfen, Reichtum wird wertlos, und Klugheit kann nicht angewandt werden".

Auch das Altern ist dabei als ein durchaus physiologischer Übergang von einem Zustand in einen anderen zu werten, als eine – so Aristoteles – pathische Alteration. Galen, der große griechische Arzt der römischen Kaiserzeit, betonte ganz selbstverständlich den physiologischen Prozeß, wenn er von einer „Greisengesundheit" sprach, in der lediglich die kalte Konstitution des naturgemäß austrocknenden Organismus zu überwiegen sich anschickt.

„Nascentes morimur", wie die Alten sagten: Schon bei der Geburt beginnen wir zu sterben. Max Bürger, der Begründer der modernen Altersforschung, hat dafür das Wort „Biomorphose" geprägt –, ein in der Tat physiologischer Grundbegriff, der nichts anderes besagt, als daß wir alle mit jedem Tage, mit jeder Stunde und in jeder Minute eben anders werden, älter werden.

Wir müssen daher einfach beginnen mit unserer eigenen Existenz, die wir alle ja erleben als ein „Altern lassen". Alles Physiologische – als „logos" von „physis" – weiß uns von diesem Geschehen zu berichten: ein Altern, das mit der Zeugung beginnt, um die ganze Natur-Geschichte des Menschen zu begleiten, alle Hochzeiten und Tiefzeiten, alles Krankwerden und Sterben, die ganze komplette Szenerie des Alltags also, die den Arzt schon immer gemacht hat zum „Zeugen der großen und kleinen Szenen des Lebens".

Der Mensch ist so alt wie seine Gefäße, wie seine Gelenke – so lauten die Schlagworte in Titeln repräsentativer Monographien. Der Mensch ist vor allem so alt wie sein Gehirn. Denn auch und gerade das Gehirn altert. Jahr für Jahr stirbt in einem jeden von uns unwiederbringlich ein gewisser Prozentsatz jener 10^{10} Nervenzellen des Gehirns ab, die mit ihren 10^{12} synaptischen Relais wiederum einen Computer darstellen von einem Komplexitätsgrad, der die Komplexität der galaktischen Systeme weit übersteigt.

Der Stoffwechsel dieser Endo-Kosmos-Zentrale ist enorm. Tag für Tag muß unser Gehirn versorgt werden mit 1200 Liter Blut, mit 75 Liter Sauerstoff, mit 115 Gramm Glukose. Minute für Minute benötigen 100 Gramm Gehirn rund 58 Milliliter Blut und 3,7 Milliliter Sauerstoff. Wird der Blutstrom unterbrochen, so bewirkt der Sauerstoffmangel binnen 10 bis 20 Sekunden bereits Funktionsverluste wie Bewußtlosigkeit; nach drei bis vier Minuten führt der Substratmangel zu irreversiblen Parenchymnekrosen.

Aber auch innerhalb des Gehirns gibt es ganz verschiedene Alternsphasen. Die frontale Hirnrinde hat im 75. Lebensjahr bereits um 12% abgenommen. Thalamus und Corpus striatum werden deutlich kleiner, während die parietalen und okzipitalen Rinden kaum abnehmen, Areale also, die bis ins hohe Alter gefordert werden. Training retardiert auch hier das Altern. Wichtiger als die Abnahme der Neuronen – täglich etwa 10000 – ist die der Neurotransmitter. Bei einer Gesamtzahl der Nervenzellen von etwa zehn bis dreißig Milliarden freilich spielt der Verlust von 3,6 Millionen pro Jahr kaum eine Rolle; das Gehirn besitzt eine Reserve, die – allen zum Trost – einfach nicht aufgebraucht werden kann.

Im Gegenteil: Gerade jener Körper, der unter der Last der Jahre seine natürlichen Abnützungssignale setzt, er wird uns nun wichtiger, kommt uns näher, wird hautnah und spürbar; er meldet sich auch häufiger, wird impertinenter, schickt uns Signale und läßt uns den Trost: Was der Jüngling erhofft, das hat der Greis längst schon erreicht: Jener *will* lange leben, dieser *hat* lange gelebt. So Cicero!

Wie man sieht: Der Prozeß des Alterns setzt ein mit der Befruchtung –, und er setzt keine Sekunde mehr aus. „Altern ist (nach Max Bürger) jede irreversible Veränderung der Substanz als Funktion der Zeit", und dies in charakteristischen Etappen. Ein Organ altert vor dem anderen. Die physiologische Gewebereinigung läßt nach. Es bilden sich „basophile Degenerate": Schollen und Brösel aus Schleim in den Muskelfasern, im Zwischengewebe, vor allem auch am kollagenen Bindegewebe, wo es zu einer Vernetzung der spiraligen Aminosäureketten kommt mit üblen Folgen: Die Stützgewebe werden brüchiger; es entstehen Gelenkschäden, die Membranüberdichtung behindert den Stoffaustausch undsoweiter undsofort.

Das alles weiß der Physiologe, sieht der Pathologe, erleben wir alle. Schon bei der Geburt geht das los mit dem Sterben, erleben wir uns – mehr oder weniger bewußt – in einem ganz natürlichen „Altern lassen".

In seiner Botschaft an die Weltkonferenz über Probleme des Alterns – 1982 in Wien – hat kein Geringerer als Papst Johannes Paul II. – in Erinnerung an seine Begegnung mit Senioren in der Frauenkirche zu München 1980 – darauf aufmerksam gemacht, daß das Alter ein ganz natürliches „Stadium der menschlichen Existenz" sei und „eigentlich ihre Krönung". Er hat aber auch schon darauf hingewiesen, daß „die alten Menschen nur schwer in einer Welt leben" könnten, die „sich ihrer spirituellen Dimension nicht mehr bewußt ist". Er hat – ähnlich wie im Sendschreiben „Familiaris consortio"– auf jenen Aufbau einer „täglich personalen Gemeinschaft" aufmerksam gemacht, wie er am ehesten noch in der

Familie erfolgt als einer „Schule reich entfalteter Humanität", und er hat schließlich gefordert, familienähnliche „Institutionen für das Alter" zu schaffen oder wenigstens die Initiativen zur Gründung von Gemeinschaften zu unterstützen.

Das ist eine Forderung, und mehr noch eine Herausforderung. Denn: Ist das nicht ein bißchen verrückt, wenn von unseren Politikern der Beginn des Alters immer drastischer herabgesetzt wird, obwohl die Periode des Alters immer mehr zunimmt? Bedeutet das ein adäquates „Altern lassen", wenn bald schon der Lebenszyklus eines 90jährigen sich wie folgt gliedert: 7% Kindheit, 26% Schulzeit, 28% Beruf und Arbeit und 39% Ruhestand? Wir irren dabei sehr, wenn wir glauben, die Alten hätten nichts mehr zu tun oder hätten keine Wünsche mehr.

Ursula Lehr hat kürzlich (1983) auf diesen geradezu perversen Lebensrhythmus hingewiesen, der mit jener Herabsetzung der Altersgrenze verbunden ist, die wiederum von fünf Vorurteilen gespeist wird: 1. daß Arbeit als Last erlebt wird und Ruhestand als Segen; 2. daß Arbeit krank macht; 3. daß wir nur arbeiten, um Geld zu verdienen; 4. daß man dem Bürger mit frühzeitiger Invalidisierung ein Geschenk macht und 5. daß Arbeit im Alter Leistungseinbußen zeige, denen es entgegenzutreten gelte.

Es läßt sich nicht übersehen – so paradox diese Situation auch sein mag! –, daß immer mehr Menschen ein hohes Alter erreichen, und daß man gleichzeitig die Altersgrenze senkt, den Beginn des Alters also immer früher ansetzt.

Altern – das geht aus den physiologischen Voraussetzungen unseres Daseins klar hervor – ist keine abgrenzbare Phase des Lebens, kein Lebens-Alter. Wir erfahren in unserer Organisation immer nur sich steigernde und retardierende Momente, immer nur Alter und Jugend zugleich. Ein gesunder Organismus funktioniert nur, wenn Sympathikus und Parasympathikus zusammenwirken, die antagonistischen Kräfte sich die Waage halten.

Und so entspricht ja auch im biologischen Bereich die Fortpflanzungsrate weitgehend der Absterbequote. Nur so erhält sich ein Revier im ökologischen Gleichgewicht. Neben den Lebensbedingungen stehen gleichrangig die Todesbedingungen. Das Gleichgewicht aber wird erhalten durch sehr spezifische biologische Retardationssysteme wie auch durch ganz elementare physische Abwehrsysteme, die uns am ehesten noch zeigen, was das eigentlich meint: Älter werden.

2. Älter werden

Nicht von ungefähr haben die Dichter und Denker das Leben mit einer Wanderung verglichen. Wir haben das alle erfahren: beim Aufstieg auf ein Gebirge, wo man die Gipfel noch kennt und grüßt, nun aber lieber auf halber Höhe verweilt. Das ist der Zeitpunkt, wo das Leben sich einschwingt auf ein mittleres Maß, und die Mitte, ist sie nicht letztlich das Maß des Lebens? Man weiß um die Gipfel, will aber nicht mehr hinauf, kann es sich leisten, sich bei Aufblick und Umblick genügen zu lassen.

Im Maße einer weiten Einheit findet das Leben seine Reife. Nicht umsonst spricht man vom „reifen Alter", einem Alter, das zwischen 60 und 80 liegen mag, aber auch sonstwie sich ereignet, mit so viel Zwischenstufen möglicher Betrachtung. Wie relativ kann das aber auch sein, das Alter! Eine Birke wird 150 Jahre alt, die Ulme 500, die Buche, die Linde schon 1000 Jahre; gewisse Kiefernarten überdauern einige Jahrtausende. Nun altert der Mensch nicht wie die Bäume, wenngleich wir im Alter der Individuen, der Familien, der Geschlechter die Entwicklung wesentlich stärker differenzieren sollten.

Mit einem solchen Entwicklungsprofil befassen sich nun die verschiedensten Wissenschaften. Lebenslauf, das bedeutet biologisch Aufbau und Abbau eines Organismus, soziologisch die Entwicklung einer Persönlichkeit in sozialer Umwelt, psychologisch den Reifungs- und Motivationsprozeß eines psychophysischen Systems, historisch das Schicksal eines Menschen im soziokulturellen Kontext seiner Zeit, und biographisch die Lebensgeschichte einer Person mit allen Ereignissen, Erlebnissen, Produktionen. Wie kommt man an so verschiedene Daseinslagen heran? Wie bringt man so divergierende Tiefenlagen zu einer existentiellen Einheit?

Daß und warum der menschliche Lebenslauf in diesem Sinne ein psychologisches Problem ersten Ranges sein müsse, hat vor allem Charlotte Bühler (1959) zu analysieren versucht. Während der individuelle Lebenslauf biologisch gesehen als der weitgehend zu objektivierende Aufbau und Abbau eines Organismus erscheint, erleben wir unter psychologischem Aspekt bereits den Reifungs- und Motivationsprozeß eines kompletten psychophysischen Systems. Der Soziologe wird darüber hinaus die Eingebundenheit der Persönlichkeit in die gesellschaftliche Umwelt studieren, der Historiker schließlich das Schicksal eines, jedes Menschen im soziokulturellen Kontext seiner Zeit. Biographisch gesehen resultiert daraus die Lebensgeschichte einer Person, mit allen Ereignissen, Erlebnissen, mit allem Schaffen, allem Erleiden.

Charlotte Bühler stellte daher die Hypothese auf, daß Kindheit und Jugend nichts anderes seien als die Vorwegnahme der gesamten Existenz, ein provisorischer Aufriß des Lebens, dem das Dasein eines Menschen als die spätere, definitive Ausführung folgt, eben ein Daseinsentwurf zur Seinswerdung.

Aber auch hier wandelt sich je nach dem methodischen Aspekt der Wissenschaften grundlegend die Bedeutungsstruktur. Praktisch kommt hier alles darauf an, was *mir* etwas bedeutet. Dem Förster bedeutet der Wald eine Pflanzung, dem Zimmermann das Holz, dem Liebespaar ein Hort der Zweisamkeit. Dem Räuber wird der gleiche Wald zum Versteck, dem Jäger zum Gehege, dem Wanderer bietet er kühlenden Schatten, dem Dichter das Duften und Weben der Natur. Hier hat alles seine spezifische Merkwelt und seine je eigene Wirkwelt: alles seinen eigenen Schutzton oder Nutzton, seinen Gefahrenton, einen Kletterton oder Fluchtton, einen lyrischen, dramatischen oder auch meist ganz prosaischen Ton, der einmal zum letzten Ton geworden sein wird. Vom „kürzesten Atom seines Lebenslaufs" hat Friedrich Nietzsche gesprochen und von der „schrecklichen Beängstigung, welche der Tod und die Zeit dem Individuum macht".

Wir haben in dieser unserer abenteuerlichen Lebensfrist gelernt, mit der Bombe zu leben, man zwingt uns, täglich mit Konflikten zu leben; sollten wir es nicht auch gelernt haben, mit dem Altern, mit dem Sterben zu leben? Sterben – als Angst um den letzten Atemzug: das Bangen um Luft, das bißchen Luft, das noch da ist und das einem nun nicht mehr gewährt wird! Es ist sicherlich nicht damit getan, nun im Alter dem Tod ins Auge zu sehen.

Wie will man sie auch auf einen Nenner bringen, solche Verläufe und Lebensläufe! Sechs Jahre darf man spielen, 20 Jahre muß man büffeln, um 30 oder 35 Jahre der Arbeit zu frönen und sich eines ungesicherten Lebensabends zu erfreuen, mehr oder weniger ausgesetzt einem moralischen, einem sozialen und schließlich dann auch physischen Tod. Das in der Regel ist der Rahmen, in dem wir unser Selbst zu verwirklichen haben, unser Selbst und damit nun wirklich uns selber!

Altern kann daher auch nicht als abgrenzbare Periode, als ein einzukesselnder Lebensabschnitt, gewertet werden; es ist vielmehr nur die einzelne Phase im organischen Leben eines Ganzen. Selbst der Tod, als „ultima linea rerum", kann nicht ausgeklammert werden; er steht mitten im Horizont des Lebens, als eine eigenartige Dimension, und verleiht allem Lebendigen sein besonderes Kolorit. Der Tod gehört zum Lebensgefüge; er bleibt allem Dasein eingefügt; er ist als die letzte Fügung der Horizont unserer Zeit.

3. Exkurs über die Zeit

Was aber ist Zeit? So hat sich Augustinus in seinen „Bekenntnissen" gefragt, um eine erstaunliche Antwort zu geben: Er wisse es schon, was Zeit sei, wenn ihn niemand danach frage, sobald er es jedoch dem Fragenden erklären wolle, dann wisse er es nicht!

Was die moderne, auf naturwissenschaftliche Modelle eingeengte Medizin – neben der Gesundheit – vor allem verloren hat, ist die Zeit. Wir kennen in der Medizin nur noch berechenbare Zeiteinheiten wie die Operationsdauer und den Krankenhausaufenthalt, die Sprechstunde oder die verordnete Frist einer Kur, und was sonst alles noch rein linear abschnurrt und im Pendeltakt der Uhren zerhackt wird.

Aber das alles ist nicht die wirkliche Zeit, ist nicht die Zeit-Gestalt in ihrer inneren Rhythmik, ist nicht die „gelebte" Zeit und kaum die „erlebte" und schon gar nicht die „erlittene" Zeit. Das ist nicht der „Acker Zeit", den Goethe als sein eigentliches Erbteil gepriesen hat, ein Kapital, das sich wirklich „stunden" läßt von Augenblick zu Augenblick, Tag für Tag und bis ins hohe Alter – nach dem alten Motto: „Tempora tempore tempera" – Richte ein Deine Zeit in der Zeit!

Angesichts all unserer Unsicherheit im Umgang mit der Zeit sollte ich an eine Konzeption erinnern dürfen, die uns ein großartiges in sich geschlossenes Kategorialgefüge des gesunden wie kranken Lebens vor Augen stellt: an die fünf Kategorien des Paracelsus, die er in der Sprache seiner Zeit die „Lehre von den fünf Entien" genannt hat. Auch Paracelsus kennt das Leben und Sterben, die Krankheit und das Leiden als eine fundamentale naturhafte Ordnung, und er beschreibt diese sehr exakt in seinem „Ens naturale". Der Mensch, „zum Umfallen geboren", muß auskommen mit seiner organischen Konstitution, in der er wächst und reift und zergeht, ein biologischer Regelkreis, der seinen „constructor" hat, gleicherweise aber auch den „destructor". Das alles ist noch gute, solide, wenn auch fragile Natur!

Daneben gibt es nun vier weitere Ordnungsschemata: Zur Natur tritt die historische und die soziale Verfassung, zu beiden ein weiteres, geistiges Bezugssystem, und hinter allem steht das Absolute, das Paracelsus „Ens Dei" nennt. Zwar gibt auch die „natürliche Ordnung" als solche bereits ihren „gerechten, vorgemachten Weg", einen Weg allerdings, auf dem offenkundig viel Willkür herrscht, eine Zufallsordnung, die mit dem Menschen spielt wie auch dieser immer wieder gibt „seine Ordnung wie er will", eben seinen eigenen Lauf auf „Ungnad oder Ungunst". Alles „Zufallen" durch die wechselreichen „Geschicke" scheint ebenfalls einer Gesetzlichkeit zu unterliegen, die der Arzt zu erfahren und zu thematisieren hat. Dazu in erster Linie dient ihm das Gestirn, unter dem man nun alle Phänomene des Pathischen, der Korruption, der Verfallenheit, des Alters und des Todes erklärt, und damit die „Zerstörung der Natur und ihre Zerrüttung".

Theophrastus von Hohenheim (1493–1541), der sich später nach der Manier der Humanisten Paracelsus nannte, hat somit der Zeit-Gestalt eine eigenständige Dimension in der Existenz des gesunden wie kranken Menschen eingeräumt. Als „Ens astrale" gewinnt die Zeitenkunde in seiner Entienlehre besondere Bedeutung; als „Astronomia" wird sie zur zweiten tragenden Säule im „Haus der Heilkunde".

Die Zeit ist neben der Natur ein ganzer Kosmos für sich, eine volle Welt an Erleben, ein in sich geschichtetes Werden, die „maturatio" eben als das eigentliche Zeiterlebnis, eine „Zeitigung", die uns zu Alter und Reife führt, und an deren Ende der Tod steht. Alle Krankheiten, und so auch das Alter, sie sind „anteambulationes mortis" –: sie spazieren dem Tod nur voraus!

Für die Gerontologie des Paracelsus bedeuten gerade seine Zeit-Erfahrungen, daß eine geschichtslose Naturordnung gar nicht denkbar wäre, wie wir ja auch „nicht zu der Gesundheit noch zu der Krankheit von Natur aus verordnet sind", sondern wie der Lauf sie führt. Es ist die Zeit, die alle Dinge verändert und gerade im Alter immer wieder ein neu Gewölk aufsteigen läßt; es sind die „astra", die dieses Zeitgefälle erst verstehen lassen. Die Zeit ist ihrem Wesen nach alles andere als der flüchtige Augenblick zwischen dem „Noch nicht" und einem „Nicht mehr": sie ist eine ganze Welt! In diesem Weltraum allein kommen wir zur „Erwartung der Zeit" und damit zur „maturatio", zur Reifung.

Darum soll ein Arzt die Zeit bedenken, „damit er die Zeit wisse, wie er sich wehre und herrschen wölle womit. Nicht genug sei, den heutigen Tag zu betrachten, sondern auch den morgigen Tag und alle zukünftigen hernach vom Punkte der Stund bis an den Terminus, und in der Zeit sehen, was dem doch zu tun sei. Und nicht so unverstanden sein, daß er die Zeit in die Luft schlage und sich selbst für einen Unwissenden zu erkennen gebe". Das ist die Zeit, die immer wieder „scharf" und „akut" genannt wird, „denn sie gibt alle Krankheit und Zufälle und alle Widerwärtigkeit". Wer könnte ihre Absicht verstehen? „Wer kann nun ihre Schärfe, ihre Heimlichkeit und ihr Vornehmen verstehen und kennen? Darum soll sich der Arzt nicht zu viel austun; denn es ist ein Herr über ihm, das ist die Zeit, die spielt mit dem Arzt wie eine Katz' mit den Mäusen".

Diese Zeit hat dichtere Verstecke, als wir aus unserer körperlichen Verfassung heraus wahrzunehmen vermögen. Die räumliche Wirklichkeit zeigt uns immer nur den „greiflichen" Leib, und im Leib dann auch den ganzen psychischen Bereich; hier aber geht es nicht mehr um Naturgesetzlichkeiten, sondern um die Erfahrung von Kräften. Das sind „unsichtige Ding und doch leibliche Ding". Ist doch die erste Erfahrung des hinfälligen Menschen die, daß die Unbeständigkeit der Dinge, die Ungewißheit einer Existenz im Wagnis, die Unsicherheit eines Lebenslaufes ihn ständig und bis ins hohe Alter begleitet. Das ist „der Lauf des Himmels", der einen bald fröhlich macht, bald wieder traurig.

Wie aber jedes Alter seine Zeit hat, ähnlich wie der wachsende und schwindende Mond, so gibt es auch verschiedene Krankheiten für jedes Lebensalter und dementsprechende Arzneimittel. Es liegt einfach im Wesen des Menschen, daß er umgeben ist mit Krankheit und Tod. „Und so er am gesündesten ist, so dünkt ihn das nur, denn die Zerstörung feiert keinen Augenblick." Pathogenese und Rehabilitation stehen hier noch in einem innigen Kontext mit der Physiologie. „Denn es ist *ein* Wissen, wie der Mensch gesund ist und wie er krank ist oder wird. Wie nämlich eine Krankheit entsteht aus dem Gesunden, also wird man auch von der Krankheit her gesund. Darum soll nit allein im Wissen sein der Krankheiten Ursprung, sondern auch das Wiederbringen der Gesundheit." Krankes soll sich konvertieren in Gesundes. Denn die Natur macht alle Dinge wachsen und macht so auch den ganzen Leib wieder jung. Also will es, so Paracelsus, der „spiritus medicinae", der Geist der Medizin.

Vor einem solchen welthaften Hintergrund gewahren wir erst die Einmaligkeit der schicksalhaften Abläufe eines Individuums. Und wenn Tag und Nacht zehntausende von Kindern geboren würden, sie hätten doch nicht den gleichen Himmel. Jeder hat seinen Zeitraum und darin „viel tausend Wege". Jeder reift zu seiner eigenen Vollendung. Jeder Augenblick wird zur „Zeit einer neuen Blume". Eine jegliche Stunde gibt „eine neue Art, damit nichts gleich bleibt". Im Prozeß dieser wachsenden Zeit gewahren wir erst den vollen Reichtum der Wirklichkeit „ohn' Unterlaß bis zum End der Welt". Im Prozeß selber finden wir den Sinn unserer Existenz, denn der Mensch und die Zeit gehören zusammen als „ein Ding", so wie „die Röte im Wein ein Ding ist oder die Weiße im Schnee".

„Darum so ist es nichts, die Dinge gleich für ewig festzulegen. Denn was vermag der Mensch auf Erden auszurichten, das ewig sei? Er ist seines Aufrichtens, das er morgens tut, nicht gewiß, noch ob er bis zur Nacht bleibt oder nicht. Alle Dinge handeln und wandeln, wie es die Zeit gibt, die zieht dich ihr nach und du mußt ihr nach. Gott hat dich gelehrt, dich dahin zu richten, wohin die Zeit dich führt. Denn da gilt Gewohnheit nichts; solche Gewohnheit wäre nur Torheit. Alles für ewig zu halten, ist nichts als Narrheit. Die Dinge gehen aus der Zeit, und niemand ist über die Zeit, und jeder ist unter ihr". Die Zeit trägt unser Schicksal.

„Also ist das Leben auch: einmal sind wir geschnitzlet von Gott und übermalt mit dem Leben: und mit einem Lumpen ist alles wieder aus." Also ist der Mensch „dem Ende befohlen und seiner Jahre Zeit und Zahl, die klein ist". Unendlich groß ist die Zeit, und so klein unserer Jahre Zahl.

Das ist die Zeit, die immer *in* uns ist, so wie der Raum *um* uns ist. Und dieses Abenteuer, das in uns selber ist, das ist sicherlich weitaus verlockender als alle die Herausforderungen von außen, die nur scheinbar unser Leben ausmachen. Hier wird das notwendig befristete Leben als solches zum Problem.

4. Das befristete Leben als Problem

Daß alle Dinge altern im Lauf der Zeit, dürfte dem bewußten Menschen von dem Augenblick an klar geworden sein, da er sich seiner befristeten Zeit innegeworden. Die Zeit und das Alter, sie stehen denn auch und standen ständig in einem besonders innigen Kontakt. Damit aber rückt das befristete Leben als Ganzes in unseren Horizont, und damit abermals die Zeit!

Die moderne Physiologie versucht immer noch und immer verzweifelter, das Phänomen der Zeit quantitativ zu erfassen; sie mißt den Grundumsatz und die Atemregulation, Ionenaustausch und die Stofftransporte, das Basen-Säuren-Gleichgewicht und die Muskelleistung, den Mechanismus der Resorption und die Reizleitungsphasen, und selbst jene biologischen Rhythmen, die eine innere Bewegungsordnung spiegeln, werden auf meßbare Zeiteinheiten vereinfacht. Dabei erfährt aber auch der Physiologe schon völlig verschiedenartige Dimensionen der Zeit. Er hat es mit Systemen zu tun, die in Sekundenschnelle ablaufen, während andere sich in Stunden auspendeln oder gar auf Wochen und Monate – wie etwa beim Grundumsatz – geeicht sind.

Wir haben es hier – wie wir sahen – mit einer Erscheinung zu tun, die nicht mehr in kybernetische Regelkreise gebannt werden kann, die uns vielmehr eine Zeit und Zeitigung vorstellt, die etwas Qualitatives ist, etwas ganz Neues darstellt, eine weitere Kategorie eröffnet, die nun auch aus sich selbst erklärt sein will.

Wir unterscheiden neuerdings die physikalische Zeit, die linear abschnurrt und chronologisch vermessen wird, deutlicher von der biologischen Zeit, die in ihrer zirkadianen Rhythmik erforscht wurde. Wir differenzieren ein weiteres Mal die „gelebte Zeit" (v. Gebsattel) und jene „erlebte Zeit" (Straus), die den existentiellen Zeit-Raum betreffen. Wir existieren ja nicht nur in der Zeit, sondern werden auch getragen von Vergangenem, entwerfen uns in die Zukunft hinein; und in beiden Existenzweisen ergreifen wir unsere Gegenwart, unser „hodie": diesen unseren Tag, in dem wir uns mit anderen zeitlich orientieren.

Erlebte Zeit ist daher immer auch schon eine Weise des Mitseins, ist ein eminent sozialer Akt. Menschliches Leben ist ja nicht befristet durch eine numerische Zeitlänge, sondern durch die gebundene Zeitspanne, die nun einmal liegt zwischen Geburt und Tod: eine biologische Zeit als „zeitüberbrückende Gegenwart" (v. Weizsäcker), und damit eine Zeit-Gestalt, vor der die bloße Lebensspanne zusammenschrumpft. Diese biologische Zeitstruktur ist, wie das Beispiel der Metamorphosen an einer Larve sehr deutlich zeigt, proleptisch: Trieb und Vorhaben, Instinkt und Intension sind vom Endeffekt her determiniert – sie weisen sich erst aus durch ihre endgültige Verwirklichung im wahrsten Sinne des Wortes.

Niemand hat dieses Phänomen eindeutiger und provozierender herausgestellt als Martin Heidegger in „Sein und

Zeit": Der Mensch ist hineingestellt, mehr noch geworfen in die „verfallende Nichtigkeit der Welt", ein Wesen, das geradezu in den Tod geworfen wurde, sich selber immer schon vorweg zum End hin, existent als „Platzhalter des Nichts". Sein Leben in Angst muß daher entschlossen den Tod annehmen, um in dieser „sich ängstigenden Freiheit zum Tode" zu einer „gerüsteten Freude" zu gelangen. Diese Zeit, sie ist wirklich immer *in* uns, so wie der Raum immer *um* uns ist. Diese inhärente Zeit, das ist die eigentliche „Widersacherin des Lebens", ist „unser Erzfeind und unser innigster Freund zugleich", wie dies Jean Améry genannt hat, „unsere Pein und unsere Hoffnung".

Wie aber der eigene Leib, so ist auch die Kultur insgesamt, aller „Geist der Zeit", aus einem Tragenden zu einem Lastenden geworden, eine pure, lästige, mühselige, drangsälige Last. Immer mehr Masse, immer weniger Energie, das erleben wir mit unserer Zeit wie mit dem eigenen Körper. Der Signalcharakter der Zeit, der Kulturcharakter der Töne, der Bilder, der Bücher – alles hat sich geändert, selbst die Verkehrszeichen sind fremd geworden.

Und wenn uns eine „Medizin in Bewegung" so nachdrücklich gelehrt hat, daß der Mensch nicht nur Objekt ist, sondern immer auch Subjekt –, sollte gerade dies nicht für das Alter gelten? Altern ist eine einzige, eine einzigartige Widerlegung der wissenschaftstheoretischen Konzeption unserer letzten abendländischen Jahrhunderte, ein überzeugendes Kontra gegen den Kartesianismus, der uns glauben machen wollte, daß man eine „Res cogitans" einsetzen könne gegen die immer nur draußen vorhandene, eine immer mehr ausgelöcherte „Res extensa"! Es hilft immer weniger, sich dualistisch zu dissoziieren und dann etwa auf seinen verdammten Magen zu schimpfen oder das elende Bein, wo ich es jeweils doch selber bin, der in sich spürt: Mein Bein tut mir weh – wer wohl wem was?

Dieser getragene und auszutragende Bezug der Zeit wird

im Alter vielfältig und entscheidend variiert: Der alte Mensch lebt mehr in der Gegenwart, auch wenn er Vergangenes nach sich schleppt, auch wenn er Kommendes ausklammert. Der Umgang mit der Zeit und ihren so sorgfältig strukturierten Phasen wird immer verwaschener. Aber der Alternde merkt sie nicht mehr; wie sollte er es auch merken –, du liebe Zeit!

„Was ist eigentlich alt, was ist jung"? fragt Novalis. „Jung ist, wo die Zukunft vorwaltet, alt, wo die Vergangenheit die Übermacht hat". Erinnerung als Festhalten von Zeit hat nur der Mensch. Das erzählt uns bedeutsam auch Friedrich Nietzsche in seiner „Zweiten unzeitgemäßen Betrachtung", wo es heißt: „Der Mensch fragt wohl einmal das Tier: Warum redest du mir nicht von deinem Glücke und siehst mich nur an? Das Tier will auch antworten und sagen, das kommt daher, daß ich immer gleich vergesse, was ich sagen wollte, – da vergaß es aber auch schon diese Antwort und schwieg."

Zeit im wahren Sinne des Wortes hat nur der Mensch. Alles andere haben Tiere auch: Kommunikation und Aggressivität, den sexuellen Zirkus und die Status-Hierarchie, Anpassungs-Konflikte usw. Der Mensch allein erfährt die Geschichte, die der Natur bloß widerfährt. Er allein empört sich aber auch über Gott Kronos, der, um „Vater der Zeit" zu bleiben, alljährlich die Kinder verschlang, die ihm Rhea gebar. Diese Zeit ist es, die uns endgültig trennt vom Tier, das mit allen Augen noch „das Offene" sieht, wie Rainer Maria Rilke in den „Duineser Elegien" sagt. Der Mensch indes kennt nur das „gegenüber sein und nichts als das und immer gegenüber". Wir sind Zuschauer, immer, überall; „so leben wir und nehmen immer Abschied". Wir haben immer Welt vor uns und in der Welt den Tod, während das Tier, das Kind auch, die wahrhaft Liebenden noch dieses „Hüpfen nach innen" kennen. Wir ordnen zwar das Chaos, mit Begriffen und Apparaten, und zerfallen doch nur bei allem Bauen, immer wieder und schließlich endgültig. „Tempus est causa corruptionis", wie der scholastische Lehrspruch des Petrus

Hispanus lautet, was Paracelsus lapidar übersetzt hat: „Die Zeit ursachet die Fäule".

Mit dem Bewußtwerden der Zeit hat in der Tat eine noch nicht abzusehende Revolution in der Medizin eingesetzt, der sich auch die moderne Gerontologie und Geriatrie nicht mehr wird entziehen können. Um 1850 glaubte Rudolf Virchow die Medizin zu einer Einheitswissenschaft erhoben zu haben, die mit den Methoden der Naturwissenschaft alle Phänomene der Natur, der Gesellschaft, der Geschichte zu regulieren verstand und die Religion der Zukunft zu werden versprach. Um 1900 ist diese Theorie der Medizin aufgebrochen worden: durch das Unbewußte Freuds, durch die Einführung des Subjekts in die Medizin, durch eine psychosomatisch orientierte Medizin in Bewegung.

Hier zeigt sich besonders drastisch der Fragmentcharakter des Lebens, dessen Befristung ja weniger darin besteht, daß es zeitlich begrenzt ist, sondern daß es immer nur eine Wahl ist – unter wie viel Möglichkeiten! Nicht von ungefähr hat Nietzsche sich „die schmerzlichste, die schneidenste Frage eines Herzens" gestellt, die Frage nämlich: „Wo kann ich heimisch werden?" Die großen Systeme unserer Zeit füllen die Leere nur mit Surrogaten auf, geben aber keinen Hinweis auf erfülltes Leben: Der Neodarwinismus glaubt an eine weitergehende Evolution des Zufalls; der Marxismus bietet tausend Varianten eines kollektiven Wohlergehens; die Psychoanalyse resigniert vor der Illusion, um sich einem skeptischen Hedonismus anheimzugeben. Wir alle haben hier unsere eigenen Überzeugungen, wir machen alle unsere Erfahrung, wir stellen einen Lebensentwurf an den anderen und suchen nach einem Sinnbezug: aber wir finden im befristeten Leben nie und nimmer einen immanenten Sinnzusammenhang.

Was wäre auch der Sinn von befristeter Zeit? Anhebendes und damit allein schon endendes Leben, das – und nichts anderes – meint befristetes Leben. Im Begriff Frist und Fristen liegt doch das Ende im Anfang. Wir haben das Leben angenommen, wir sollen auch das Altern annehmen und letztlich den Tod. Und selbst hier kommt es weniger darauf an, das Alter zu akzeptieren, als sie selber anzunehmen, diese befristete Zeit! Wir hätten das Sterben frühzeitig zu lernen, zu lernen, daß uns nur ein bestimmter Lebensraum zugewiesen ist, über den wir nicht einmal absolut verfügen. Wir wissen weder, wann noch wie, nur das „daß", das ist gewiß! Was für ein Abenteuer!

5. *Altern lassen*

Mit seinem Alter leben heißt in erster Linie: bewußter mit der Zeit gehen, gehen und umgehen. Man lernt in diesem Umgang: mit der Zeit zu leben, Zeit zu haben, sie auszuloten, ohne sie je auszuschöpfen. Die Zeit ist in der Tat ein Kapital, das man nie ganz und gar anlegen wird. Folglich leben wir von den Resten, den Überflüssen, vom farbigen Abglanz, vom Wissen auch um das Unmögliche, das uns immer wieder in die Mitte treibt: zu Mitte und Maß.

Was suchen wir anders denn als Zeit, die uns Raum läßt! Wer hätte sie nicht schon einmal mit wachsender Bestürzung gesehen, all die Räume der Gebirge, rätselhafte Landschaften des Hochgebirges: ragend aus Mulden über die Gipfel, über die Grate bis nah heran zu den Gletschern! Hier sieht man sie im Ernste schreiten und ihre Grenzen überschreiten, die Zeit: welche Gatter um Räume, welche Gitter um Zeit, welche Wunder an Welt wurden gefangen im Raum!

Alle Welt aber spiegelt sich wider im Augenblicke des eigenen Lebens, im Spiegel des Leibes, im Spiegel der Zeit. Das allein ist die Zeit, die wir meinen, die uns begleitet im Leben, beim Leben, die mit uns wächst und welkt, die wird und reift bis ins Alter, in uns reift als *das* Alter!

Wir leben inmitten der Zeit, lassen sie gerade hier in der Mitte auf uns zukommen, lassen sie ablaufen, mit uns umgehen, schauen ihr zu wie einem gewaltigen Strömen, schöpfen mit Händen aus dem Überfluß, und wissen doch, daß Zeit nie leer wird, daß wir alle letztlich doch auch einmal enden werden in diesem Überfluß an Zeitstrom.

Lassen wir also gelassen der Zeit ihren Lauf, lassen sie einfach gewähren. Denn nur so vermögen wir zu gewahren den Reichtum an beiden Ufern, der Vergangenheit wie des auf uns zu Kommenden. Wir nehmen uns Zeit, ohne zu raffen, wie sie ja auch uns nimmt und uns letztlich alle dahinrafft. Wir leben gelassen im Augenblick, der uns hält, uns beschenkt mit dem Reichtum der Gegenwärtigkeit.

6. Mit den Jahren in die Jahre kommen

Mit diesem gelassenen „Altern lassen" sind wir nun wieder auf die eigene Spur verwiesen, eine Spur, die uns nun schon ein Leben lang versucht zu zeigen, wie man mit den Jahren in die Jahre kommt.

Und auch auf dieser Spur sollte ich beginnen mit einer ganz persönlichen Erfahrung: Als ich kurz nach dem Kriege meinen 30. Geburtstag vor Augen hatte – Student der Medizin im zweiten, der Philosophie im dritten Semester –, da schrieb ich eine längere Abhandlung mit dem Titel „Briefe an mich selbst": empörte Briefe des nun 30jährigen an den dereinst 50jährigen, unter dem Leitthema: „Es ist Zeit"!

In diesen natürlich unveröffentlichten Briefen ist immer wieder die Rede von der Zeit – Dienst-Zeit und Kriegs-Zeit und Gefangenschaft –, einer Zeit, in der die Tage uns entgleiten wie Sand, der durch die Finger rinnt und von dem nichts bleibt als ein wirrer dumpf aufgelaufener Haufen Zeit, erlebte und erlittene Zeit, die sich periodisch wiederholt, wie eine Schraube, dabei immer tiefer greift, sich festbeißt in's Elend und endlich trifft und packt und sitzt. Und in der Tat: Es war damals Zeit!

Wer sich in seiner Jugend, der Blüte seiner Jahre, nahezu zehn Jahre als Soldat getummelt, davon drei Jahre in Rußland, neun Monate im Kessel des Kaukasus, viermal verwundet, einmal zum Tode verurteilt, wenngleich nicht gehängt –, der ist mit den Jahren in die Jahre gekommen, der ist erwachsen und geprägt für sein Leben! Nicht als ob er zwischendurch und danach nicht auch gelebt und geliebt, gelacht und gelästert hätte, aber er hat seinen Stempel bis hoch in sein Alter!

Nicht weniger abenteuerlich wird noch dem bald 70jährigen jene autobiographische Streitschrift erscheinen, die damals der 30jährige an den 50jährigen schrieb, damals, nach zehn Jahren Arbeitsdienst, Wehrdienst, Gefangenschaft und vor einem völlig ungewissen Studium, elegische Briefe an sich selbst mit dem Titel „Es ist Zeit"! –, Zeit, umzudenken, umzuschwenken, einzulenken, Zeit auch, Rechenschaft zu verlangen von sich selber als dem potentiell 50jährigen über die Zwischen-Zeit, Erfahrungen einer Zwischenzeit, die das Leben ja so abenteuerlich machen. Mit 50 Jahren freilich hatte ich – mitten im Aufbau meines Instituts – ganz und gar vergessen, auf die lästigen Briefe von dazumal auch nur eine, wenn auch noch so kurze Antwort zu geben, Antwort auf das Problem einer jeweils befristeten Zeit, eines Zeit-Alters.

Das ist die erlebte Zeit, der Goethe in den „Wanderjahren" den „größten Respekt" gezollt hat; denn die Zeit ist – so heißt es weiter – die „höchste Gabe Gottes und der Natur und die aufmerksamste Begleiterin des Daseins". Das ist die Zeit als mein Besitz, ist der „Acker Zeit", und jeder Tag wird zum „Gefäß", in das sich sehr viel eingießen läßt, wenn man es wirklich ausfüllen will.

Als charakteristische Struktur dieser Zeit erfahren wir alle immer nur ihren Rhythmus. Es ist ihre Zyklik, die für das Maß steht und sich richtet gegen die Maßlosigkeit, eine kosmische Rhythmik im Grunde genommen, die den heilsamen Wandel auch irdischer Existenz bestimmt in der Zyklik von

Morgen und Abend, von Mittag und Mitternacht, einmalig abgemessen und nirgendwo maßlos, Zeit als „Horizont des Seins", und eben nicht die numerische Pendelzeit, die „alles Zeitliche zu nichts zerhackt", die Zeit nur ständig vertreibt, im Zeitvertreib, statt in heilsamer „Langeweile" zu warten.

Altern, das wäre somit im phsysiologischen Aspekt der Gang des Lebens selber, ein Vorgang mit lauter Übergängen, Phasen im Prozeß, Stufen des Lebens als Lebensleiter, als „Klimax", wovon unser aller Klimakterium kommt, an dem wir *alle* wohl – zwischen den Flegel- und den Wechseljahren – zu laborieren haben, und dies alles in einem ganz eigentümlichen Rhythmus, der etwas völlig anderes ist als die rein quantitative Periodisierung der Zeitabläufe. Was hier vor sich geht und erlebt werden sollte, das ist die durchgehende Rhythmisierung des Tages, der Monate, des Lebens, die „lange Weile" auch, in der man sich ändert, umstellt, abwartet, umlernt, immer wieder neu einlebt.

Diese Zeit aber, unsere eigene Zeit nun auch zu teilen oder gar einzuteilen, das wäre so, als zöge man Linien im Wasser, die man so oder so ziehen kann, „und während man zieht, läuft schon wieder alles zur weiten Einheit zusammen". So Thomas Mann! Wie im Traum vergehen die Jahre, in Erwartung, Erfüllung, Enttäuschung. So verstreicht einem jeden seine Zeit, mit oder ohne Zeitvertreib.

Von der „Erinnerungswürdenlast seines Alters" konnte zu Recht Thomas Mann bei Jakob sprechen. Das muß man einfach einmal nachgelesen haben in „Josef und seine Brüder", wie Thomas Mann hier beschreibt, wie „sieben Jahre vergingen". Sieben Jahre –: „Nicht um irgendwelche Siebenschläferei handelt es sich dabei und überhaupt um keinen anderen Zauber als den der Zeit selbst, deren größere Einheiten vergehen, wie die kleinen es tun – weder schnell noch langsam, sondern sie vergehen einfach" – die Tage, die Stunden, die Jahre: „ein gewaltiges Filigran von Leben", an Vorkommnissen überreich, „ein Meer zu trinken".

Zweiter Teil

ALTERN ALS VERFALLEN

1. Pathologie des Alters

Noch weilen unsere Gedanken bei der Physiologie des Alters, einem so ganz natürlichen und gesunden Alternlassen –, und nun nähern wir uns sogleich der Pathologie, der Lehre vom Sterben und vom Verfallen! „Meine Zeit ist dahin und vor mit aufgeräumet wie eines Hirten Hütte". So hören wir bei Jesaja, Vers 38, 12, und weiter: „Aufrollen wirst du mein Leben wie ein Weber, und abschneiden willst du mich vom Faden. Du machest ein Ende mit mir den Tag vor Abend... Alle meine Jahre ende ich in Bitternis".

Vor mehr als 3000 Jahren schon ließ sich die klagende Stimme des Ptahotep, eines ägyptischen Wesirs, vernehmen: „Das Greisenalter ist eingetreten und die letzte Phase herabgestiegen. Die Glieder sind lahm, und das Altsein tritt als Neues auf. Der Mund schweigt und redet nicht. Die Augen sind kurzsichtig und die Ohren taub. Das Herz ist vergeßlich und erinnert sich kaum noch. Jeder Knochen leidet am Alter; die Nase ist verstopft und atmet nicht durch. Man mag stehen und sitzen: man befindet sich übel. Das Gute ist zu Schlechtem geworden. Aller Geschmack ging verloren. Was das Alter dem Menschen antut, das ist: daß es ihm schlecht geht in allem."

Noch dramatischer klingt es aus damaliger Zeit in den Liedern des alt und weise gewordenen Ipuwer, wenn er auf das Ende wartet und vor sich hin spricht: „Der Tod steht heute vor mir, wie wenn ein Kranker wieder gesund wird, wie wenn man nach einer Krankheit wieder ausgeht. Der Tod steht vor mir: wie der Geruch von Myrrhen, wie wenn man am windigen Tage unter dem Segel sitzt. Der Tod steht vor mir: wie der Geruch von Lotosblumen, wie wenn man auf dem Ufer der Trunkenheit sitzt. Der Tod steht vor mir: wie ein betretener Weg, wie wenn man vom Kriegszug heimkehrt. Der Tod steht heut vor mir: wie ein entwölkter Himmel, wie einer kommt zu dem, was er nicht weiß. Der Tod steht vor mir: wie wenn man sein Haus wiederzusehen wünscht, nachdem man so viele Jahre da draußen verbracht hat".

So treibt es das Leben mit uns: Was wir am Wachstum verlieren, gewinnen wir – nicht immer – an Reife. Der Preis für die Reifung aber ist das Altern; das Zahlungsmittel ist der Tod. Neben dem rauschenden Lebensstrom ruht man nun als stehender Alt-Arm. „Mein Odem ist schwach", klagt Hiob (17,1), „und meine Tage sind abgekürzt". Die Mauern beginnen zu bröckeln, im Winde klirren die Fahnen. Das Schiff sinkt, auch ohne den Sturm und die Wellen, es sinkt und ist bald schon versackt. Stück um Stück wird aufgegeben und vergessen. Das oft so trauliche Milieu wirkt sich gegenteilig aus, wird unheimlich. Das Faszinierende wie auch das Horrende der Ereignisse verflüchtigt sich ins Banale. Der träge Fluß der Zeit, er ebnet die Ufer ein. Man wird die Wand nicht mehr aufbrechen, um die dahinterliegenden Dinge zu erfassen und zu erfahren. Altern ist – ganz objektiv gesehen – nicht nur ein permanenter Lernprozeß, sondern auch ein stetiger Verlustprozeß.

Aber auch von der subjektiven Seite aus gesehen erscheint uns Altern als ein stetiger Rückzug: Es wird nicht mehr, das Leben, es wird weniger. Unser Leib schrumpft und schraubt seine Ansprüche zurück: Die Augen lassen nach, die Beine wollen nicht mehr, das Gedächtnis läßt einen im Stich. Man wird häßlich, was vom „Haß" kommt. Man wird schwächlich, was immer nur Mitleid erregt. Man schaltet ab und steigt aus: Man geht in Pension, nimmt seine Rente: Man wird und ist fertig! Wie gleichgültig erscheint es da, ob dies nun das zweite oder dritte oder das xte Alter ist!

Mit dem sechsten Alter beginnt dann schließlich der letzte Akt, so wie ihn Shakespeare – so kurz wie bündig – beschrieben hat: „Der letzte Akt, mit dem die seltsam wechselnde Geschichte schließt, ist zweite Kindheit, gänzliches Vergessen, ohn' Aug', ohne Zahn, Geschmack und alles" (Wie es Euch gefällt, 2: 7).

In seinen „Sorrentiner Papieren" (Herbst 1876 bis Herbst 1877) schildert uns Friedrich Nietzsche ganz ähnlich die Lebensphasen des Menschen als den dramatischen Prozeß schwindender Humanisierung und zunehmender Bestialisierung wie folgt: „Der Mensch ist als Kind vom Tier am weitesten entfernt, sein Intellekt am menschlichsten. Mit dem fünfzehnten Jahr und der Pubertät tritt er dem Tiere einen Schritt näher, mit dem Besitzsinne der dreißiger Jahre (der mittleren Linie zwischen Faulheit und Begehrlichkeit) noch einen Schritt. Im sechzigsten Lebensjahr verliert sich häufig noch die Scham; dann tritt der siebzigjährige Alte ganz als entschleierte Bestie vor uns hin: man sehe nur nach Augen und Gebiß".

2. Leben – die Reise zum Tode

In seinen „klinischen Vorlesungen" hat Viktor von Weizsäcker uns immer wieder „die Straße unseres Lebens" vorgezeichnet, und er hat gemeint, daß sie mit Verzichten gepflastert sei. „Wir haben nicht nur eine Vergangenheit, sondern auch eine Tendenz; aber das Wenigste, was wir erwartet haben, ist verwirklicht worden. Die Meilensteine zu diesem verzichtgepflasterten Wege mögen, für den Pathologen, Leichensteine unserer Wünsche sein: die Krankheiten sind die Zwischenlösungen, die Kompromisse unserer Konflikte gewesen, und sie hinterlassen als Denksteine Narben, Sklerosen, Teiltode des Gewebes und so weiter". So sieht dies der Kliniker, der zugleich Philosoph sein will, der die Lebensreise zum Tode bewußt begleitet. Denn: „Schließlich ist das Ganze eine Reise zum Tode, aber während dieser Reise nimmt die Summe des Irreversiblen fortwährend zu; die Biegsamkeit, die Elastizität nimmt ab, die Steifigkeit nimmt zu. Unterwegs kommt es immer wieder zum Aufflammen neuer, überraschender kritischer Entscheidungen".

Unwillkürlich denkt man angesichts solcher Vergänglichkeit an den 89. Psalm mit seinem Vers: „Tausend Jahre sind Ihm wie ein Tag", ein Vers, den Paracelsus in seinen Theologischen Schriften so erschütternd kommentiert hat –: tausend Jahre – wie ein Tag! „Darum ist es alles nix! Was nix? Was wir in die Zeit bauen, in die vergangene oder ins Zukünftige. Es dorrt alles aus und hat keinen Bestand". Und unser ganzes weites wildes Leben: es gibt doch nur ein elendes Alter, auch wenn es über achtzig währet. „Denn was weiter ist: da wird uns das Gesicht genommen, die Bein, die Füße, die Vernunft, die Sinne, und aller Jammer fällt mit Haufen herein. Was nützen dann demselbigen alten Mann seine jungen Tage?"

So Paracelsus, der große Wanderarzt und Abenteurer, früh gealtert, lebenssatt, dahingerafft in der Blüte seiner Jahre.

Es zählt immer weniger, was noch ist, man wird überzählig, lästig, überflüssig: Das Alter hat uns einfach überrumpelt. Der kritische Punkt konzentriert sich auf den Raum von 40 bis 50 Jahren: Man wird zurück-gebildet, eingeschränkt auf engere Räume, Arbeitsbereiche, Gesellungsbezirke, endlich auf das Haus, das Zimmer, die Ecke, das Bett. Mit dem Informationsfeld schrumpft der Aktionsradius. Man fängt an, der Welt langsam, aber sicher abzusterben, oder besser: Man wird der Welt abgestorben, weggedrängt, ausgebootet, abgetrieben. Wir werden uns gerade dort fremd und immer fremder, wo man eigentlich zu sich selber kommen sollte!

Kaum ist man herangewachsen, durchgereift, in dieser Welt angekommen und zu Hause, sich seiner selbst – so einigermaßen – sicher geworden, da geht es auch schon wieder abwärts, beginnt die Verunsicherung, die Entfremdung. Jahrelang haben wir glauben mögen, daß unser Lebenswerk noch vor uns liegt, und plötzlich liegt es – und *ohne* Übergang und *ohne* Zwischenzeit – schon wieder hinter uns!

Wir fragen viel zu wenig nach Sinn und Zweck der durch die Verdoppelung der Lebenserwartung „gewonnenen Jahre", wo wir doch eigentlich, je älter wir werden, umso früher anfangen müßten, unser Leben zu ändern. Wir haben in dieser unserer so abenteuerlichen Lebensfrist längst gelernt, mit der Bombe zu leben; man zwingt uns tagtäglich, mit Konflikten zu leben; sollten wir es nicht endlich auch erlernen, mit dem Sterben zu leben? Man braucht wohl eine längere Zeit, eine recht lange Zeit, zu seiner eigenen Selbstentdeckung, einer Selbstannahme und einer wenigstens annähernden Selbstverwirklichung.

3. Verschiebung der Altersstruktur

Nun könnte man bereits hier schon einwenden, daß Altwerden auch in früheren Zeiten schon eine abenteuerliche Sache war, und daß es wohl so auch bleiben dürfte, und daß im Grunde genommen ein jeder auch sein Altern und Ende durchgestanden hat. Hier bleibt denn auch – so scheint es – ein jeder letzten Endes auf sich selbst verwiesen.

Was freilich noch nie da gewesen – und hier beginnt die Lebensreise erst so richtig abenteuerlich zu werden –, das ist das Phänomen des Alterns in seiner soziologischen Strukturierung und in seinen quantitativen Ausmaßen. Das Verhältnis der unter 15jährigen zu den über 65jährigen betrug 1890 7:1, 1925 schon 4:1, 1950 bereits 3:1; um 1990 wird es 1:1 betragen. Neuerdings ist aber auch die Altersgruppe über 65 Jahre die einzige, deren Lebenserwartung nicht zugenommen hat.

Wir sollten weiterhin bedenken, daß neben der zunehmenden Frühinvalidisierung auch das überraschend breite Band der gesetzlichen Altersgrenzen zu berücksichtigen ist. Beamte treten zwischen 60 und 65 in den Ruhestand, Berufssoldaten schon zwischen 40 und 58! Polizei und Zoll beziehen mit 60 Jahren ihre Altersruhegelder; Lehrerinnen lassen sich vielfach frühzeitig pensionieren, um uralt zu werden! In der Bundesrepublik Deutschland leben zur Zeit über 7 Millionen, die das 65. Jahr überschritten haben, in 10 Jahren werden es 10 Millionen sein.

Bis zum Jahre 1990 wird die Gruppe der 80jährigen um

17% steigen, die der 85jährigen um 51%, die der 90jährigen um 42%. Der Überalterungsprozeß der Bevölkerung zeigt offensichtlich eine progrediente Tendenz. Die Zahl der Alten auf der Welt, der über 60jährigen also, betrug 1950 etwa 200 Millionen, 1970 schon an die 300 Millionen, und sie wird im Jahre 2000 bereits 600 Millionen erreichen. Im Jahre 1900 war einer unter 20 Menschen über 65 Jahre alt; 1970 schon einer von elf, 1980 einer von sieben. Wir werden bald schon auf eine dramatische Weise konfrontiert werden mit den wachsenden Problemen der Ernährung, der Behausung, der Unterhaltung, der Krankenversorgung, der Sozialversicherung.

Was dieser Panorama-Wandel im konkreten Alltag für uns alle zu bedeuten hat, das möchte ich nur an einem Beispiel erläutern, das uns allen vertraut ist, am Beispiel der Familie!
Der Wandel der Familie, bis hinein in den Kern der Kleinfamilie, ist heute überall mit den Händen zu greifen. Seine Symptome sind: der Verfall der Großfamilie, die Auflösung dörflicher Sippen, die Veränderung der Arbeitstechniken bis in den Haushalt, die Mobilisierung der Berufswelt, die Liberalisierung der Sexualität und mit allem verbunden neue Formen und nie gekannte Belastungen durch den „psychosozialen Streß", der Verlust der Welt des Märchens beispielsweise auch, das Kindern doch so überzeugend „Weltbild" vermitteln konnte. Innerhalb weniger Generationen sind die gerade von den Pädagogen so leidenschaftlich beschworenen Elemente der jüdisch-christlichen Tradition sang- und klanglos aus den Schulen verschwunden und mehr und mehr auch aus den Familien.
Der Historiker Werner Conze hat in einem Referat vor der Heidelberger Akademie der Wissenschaften von einer „Erosion der Familienstrukturen" gesprochen: Die Institution zerbricht in sich selbst, verwittert, zersplittert, verkümmert, verwelkt, verfault, stirbt ab und – ist nicht mehr da! Noch seien sie zwar da, trotz wachsender Instabilität und einer im-

mer autonomer werdenden Subkultur der Jugendlichen, noch seien sie da, die Männer und Frauen, die sich binden und trennen „wie Güterwagen auf einem Rangierbahnhof" (mit all den dazu gehörenden Kupplungs-Techniken im Zuge der Zeit). Aber bald schon wird er abgefahren sein, der Zug, und nicht mehr zu sehen!

Im Jahre 1990 werden zwei Generationen im Rentenalter in einer einzigen Familie keine Ausnahme mehr sein. Im Jahre 1981 bereits wurden von der Bundesanstalt für Angestellte 80% aller Renten für Versicherte ausgegeben, die beim Eintritt des Rentenfalls jünger als 63 Jahre waren. Dabei wächst offensichtlich, wenn auch nicht die Lebenserwartung, so doch die Überalterung. Im Gegensatz zu dem in der älteren Literatur totgerittenen „Generationenkonflikt" unserer Väter haben sich heute zwischen den Generationen altersbiologisch bedingte Abgründe aufgetan, über die man tunlichst geistige und kulturelle und auch wirtschaftliche Brücken schlagen sollte. Ein Drittel aller Haushalte sind heute schon Ein-Personen-Haushalte; zwei Drittel werden von ein oder zwei Personen gebildet, meist alten Leuten, und dies in der Zukunft vermehrt. Im Jahre 1980 lebten Dreiviertel aller Personen über 60 Jahre in einem Ein-Generationen-Haushalt. Nur ein Viertel lebt demnach in einem Haushalt mit jüngeren Generationen zusammen.

Wird auch dann noch die Familie *das* sein, als was man sie immer gerühmt hat: der Welt größter Pflegedienst? Die dabei auftretenden sozialen Probleme werden rasant wachsen. Bereits heute haben 50% der Bevölkerung 20% alte und 30% junge Menschen mitzuversorgen, was kein Problem wäre, wenn einer je eines anderen Last mittrüge. Wo aber geschieht das wirklich!

Der Berliner Historiker Arthur Imhof hat uns in einem Buch über die „gewonnenen Jahre" einen besonders intensiven Einblick in die „Lebensuhr" verheirateter Frauen gegeben, die uns zeigen könnte, wie politisch rasant dieses scheinbar so private Thema vom „Älter werden" schon geworden ist.

Werfen wir einen Blick auf die sogenannte „Lebensuhr" dieser Frauen, so finden wir einige merkwürdige Veränderungen, die sich im Laufe der letzten Generationen vor unser aller Augen abgespielt haben:

Die erste Monatsblutung kam um 1900 mit 16 Jahren, heute oft schon mit 12 Jahren; die letzte Regel liegt heute um 50, früher um 45 Jahre. Die fruchtbare Phase der Frau dauerte zu Beginn dieses Jahrhunderts nicht einmal dreißig Jahre und am Ende des Jahrhunderts schon über 40 Jahre. Mit anderen Worten: Die Kindheit ist geschrumpft von 16 auf 12 Jahre, die Reife gestiegen von 40 auf 50 Jahre.

Am meisten verändert aber hat sich die sogenannte „nachelterliche Gefährtenschaft", das ist der Zeitraum zwischen dem Ausscheiden des letztgeborenen Kindes aus dem Familienverband und dem Tod des Ehepartners. Sie hat sich in den letzten drei Jahrhunderten ausgeweitet von 0,1 Jahren auf 20,9 Jahre. Betroffen sind in erster Linie auch hier wieder die Frauen, die damals bei der Geburt ihres letzten Kindes bereits zwei Drittel ihres bewußten Lebens *hinter* sich hatten, während sie heute noch zwei Drittel *vor* sich haben!

Was hat das praktisch zu bedeuten! Und was macht wohl heutzutage eine Frau mit diesen ihren „gewonnenen" Jahren, mit den „besten" Jahren ihres Lebens! Man sollte sich das auch einmal kritisch anschauen, was hier eigentlich geschieht, wenn der Mutter oft schon mit 45 Jahren das „traute Heim" zum „leeren Nest" schrumpft. Was leisten sich diese fünf Millionen Frauen, im besten Alter, zumeist ohne wirtschaftliche Sorgen, wenn sie in der Regel ohne sinnvolle Tätigkeit einfach so in den Tag hineinleben, hineinreisen, herumkuren! Und was leistet sich eine Gesellschaft, wenn sie auf dieses Reservoir lebenserfahrener Menschen nicht den geringsten Wert legt und keinerlei Chancen einräumt zur Wiedereingliederung in die Arbeitswelt, in die Lebenswelt, in den Alltag?

Das ist schon eine Provokation, die uns alle betrifft, einen jeden einzelnen von uns, sehr direkt, angeht, und dies nicht nur hin und wieder oder gelegentlich einmal, sondern ständig und stetig, vom ersten bis zum letzten Atemzug –, eine Sache schließlich, in der nur jeder von sich selber reden kann, in seiner eigenen Sprache, mit seinen eigenen Erfahrungen, wirklich: Erfahrungen, die man nur unter Weges erfährt!

Der Impetus einer „Lebensphilosophie" jedenfalls, der für die Alltags-Kultur so entscheidend geworden ist, er ist in der Gerontologie noch gar nicht angekommen, was um so auffälliger ist, als wir es doch gerade hier mit einem qualitativen Begriff „Leben" als befristeter Lebenszeit zu tun haben, der schon etwas mehr auf die Beine bringen müßte als die bloße Beachtung von „Lebenslauf" oder „Lebensdauer" und allenfalls noch „Lebenszyklus". Hier erleben wir denn auch besonders drastisch den Widerspruch zwischen der inneren Zeit und einer physikalischen Zeit, jenen berühmten Zeit-Räumen eben, die nicht mit der Uhr zu vermessen sind.

Mit der Verschiebung der Altersstruktur wird – was weder unsere Planungsstrategen noch die Gesundheitspolitiker wahrnehmen wollen – ein völlig neuer Aufbau sozialer Struktur und sozialer Dienste einhergehen, eine im Grunde sensationelle Umstrukturierung, die große säkulare Bewegung des ausgehenden Jahrhunderts, die wir noch nicht in den Blick, geschweige in den Griff bekommen haben. Mit diesem Strukturwandel wird sich in erster Linie die moderne Medizin befassen müssen, zu deren Schwerpunkten nach den Kinderkrankheiten nun die Greisenkrankheiten zählen werden.

4. Medizin zwischen Pädiatrie und Geriatrie

Im Jahre 1900 schrieb die schwedische Frauenrechtlerin Ellen Key ein Buch mit dem aufsehenerregenden Titel: „Das Jahrhundert des Kindes". Es war gewidmet „allen Eltern, die hoffen, im neuen Jahrhundert den neuen Menschen zu bilden". Das Kind sollte im neuen Jahrhundert die „zentrale Gesellschaftsaufgabe" werden, eine soziale Aufgabe, „um die alle Sitten und Gesetze, alle gesellschaftlichen Einrichtungen sich gruppieren werden".

Um diese Jahrhundertwende waren freilich die hochgespannten Ziele der Aufklärung auch und vor allem des Kindes längst aufgegeben und vergessen worden. Niemand wußte mehr, wie sehr bereits Leibniz die Vervollkommnung des menschlichen Geschlechtes an eine bessere Erziehung der Jugend geknüpft hatte. Rousseaus Gedanke vom Kind als einem erziehungsfähigen Glied der menschlichen Gemeinschaft war lediglich ein Schlagwort geblieben. Der nützliche und vernünftige Bürger, der allein auch als der gesunde zu gelten hatte, war nunmehr in den Mittelpunkt aller Interessen gerückt worden.

In seinem „guten Rat an die Mütter über die wichtigsten Punkte der physischen Erziehung der Kinder" hatte noch Christoph Wilhelm Hufeland 1799 die angemessene physische Erziehung der Kinder betont, die nicht nur die Seele zu bilden habe, sondern damit auch die „moralische Bildung" unbeschreiblich erleichtere. Das „Pädagogische Jahrhundert" hatte begonnen, das in Heinrich Pestalozzi seinen führenden Erzieher fand, das dann aber alles andere vorbereitet hat als ein Jahrhundert des Kindes. Die Ärzte begannen, das Kind vom Standpunkt der immer wissenschaftlicher werdenden Medizin zu verwalten und verplanen. Das „nachwachsende Geschlecht", es sollte sich – dank der Erfolge einer fortschrittlichen Heiltechnik – körperlicher und geistiger Gesundheit erfreuen.

Ausdruck für die naturwissenschaftliche und sozialhygienische Ausrichtung der Kinderheilkunde wurde die „Sektion für naturwissenschaftliche Pädagogik", die 1869 auf Anregung von Rudolf Virchow innerhalb der Gesellschaft Deutscher Naturforscher und Ärzte gegründet wurde. Das Kind wird nun nach rein wissenschaftlichen Kriterien zu einem idealen Erwachsenen ausgerichtet. „Der Arzt als Erzieher des Kindes", so konnte der Berliner Pädiater Adalbert

Czerny seine Vorlesungen im Jahre 1908 ankündigen. Das Kindesalter war ein Teilbereich der Allgemeinen Pathologie geworden; der Kinderarzt war ausgebildeter Internist, der sich lediglich auf die geringe physische Stärke des kindlichen Organismus zu konzentrieren hatte. Selbst ein so fortschrittlicher Kinderarzt wie Czerny konnte noch zu Beginn unseres Jahrhunderts seine Vorlesungen mit den Worten beginnen: „Die Kinderheilkunde ist kein Sonderfach, sie ist innere Medizin, begrenzt auf den Menschen vom Tage der Geburt bis zur Pubertät".

Den ersten revolutionären Einbruch erlebte diese sich naturwissenschaftlich entfaltende Kinderheilkunde mit Sigmund Freud. Seine Theorie von der frühkindlichen Sexualität mußte das Idealbild von der kindlichen Unschuld ein für allemal zerstören. Das Kind wurde wiederum – was es bei Herder schon war – zum „verwaisten Kind der Natur". Das Kind war wieder ein Mikrokosmos sui generis geworden. Mit der sich im Laufe unserer Generation erst aufbauenden Anthropologie des Kindesalters haben sich die verschiedensten Disziplinen befaßt, ohne schon zu einer integrierten Forschung und gemeinsamen Behandlung gekommen zu sein. Die klassische Pädiatrie und Pädagogik treffen sich mit einer allgemeinen Pädologie und versuchen eine generelle Psychagogik aufzubauen, an der die Sozialfürsorge und die Erziehungsberatung ebenso beteiligt sind wie die Kinderpsychiatrie oder eine Sozialmedizin.

Soweit zu diesem berühmten, sich rasch seinem Ende zu neigenden „Jahrhundert des Kindes", das wir eher greisenhaft vertrödelt haben. Und erst in jüngster Zeit – seit Mitte des 20. Jahrhunderts – hat eine Ärztliche Anthropologie sich aufgemacht, um ein neues therapeutisches Kontinuum zu bilden, das man als Aufbau eines anthropologischen Feldes bezeichnet hat. Ein breites therapeutisches Band berücksichtigt nun ebenso die präventiven wie die resozialisierenden Maßnahmen; es sucht in der Kooperation mit allen klinischen und sozialen Diensten zu einer konsultativen Heilkunde zu werden, die bei der Beratung in den frühesten Lebensjahren beginnt und die über alle Stadien einer Daseinsstilisierung hinweg bei der Altenfürsorge zu enden hat. Damit sind die beiden Stadien einer befristeten Lebenszeit schärfer in unsere Optik gerückt, und sie werden immer eindrucksvoller zu einer großangelegten Anthropologie des Kindesalters, des Greisenalters, aller Lebensalter angelegt und ausgelegt werden.

Die Medizin der Zukunft wird sich erstmals systematisch auf die großen Phasen und Krisen des Lebens konzentrieren. Sie wird eingespannt sein zwischen Pädiatrie, die Lehre vom gesunden und kranken Jugendalter, und Geriatrie, die Lehre vom kranken und gesunden Greisenalter. Pädiatrie und Geriatrie würden die großen Blöcke einer Zukunftsmedizin bilden, und was von ihnen noch nicht abgedeckt wäre, könnte man getrost der Psychiatrie überlassen –, den drei großen Disziplinen der Medizin übrigens, in denen noch das griechische Wort Arzt (iatros) vorkommt!

Neben einer Physiologie und Pathologie des Jugendalters erwarten wir zu Recht eine gleicherweise systematisierte Medizin des Greisenalters. Neben die Gerontologie als die Lehre von den Alterserscheinungen ist bereits die Geriatrie als eine eigene medizinische Disziplin getreten. Vor allem aber sind es die geronto-psychiatrischen Zentren, die zu einem gesundheitspolitischen Postulat geworden sind. In den psychiatrischen Landeskrankenhäusern werden Jahr für Jahr bis zu 50% psychisch Kranker über 65 Jahre eingewiesen. Die Anzahl der alten, geistig gestörten Patienten steigt in allen Industrieländern. Aber gerade die entwickelten Länder, sie haben – so scheint es – allen Sinn verloren für eine Kultur des Alterns und des Alters.

In den alten Kulturen galten die Alten, wie Max Weber dies formuliert hat, als „die besten Kenner der heiligen Tradition". Bei den Juden waren die Weisen die Gerechten, für die Stoa war das Alter die letzte und höchste Lebensprüfung.

Wilhelm Ebstein noch konnte 1891 in seinem Makrobiotik-Vortrag vor der Naturforscherversammlung in Halle die Alten loben als die wertvollsten Mitglieder des Staates, deren Rat zu allen Zeiten gegolten habe „als ein unschätzbares Besitztum der Nationen". Damals allerdings wurde die mittlere Lebensdauer nach statistischen Methoden auf 30–40 Jahre taxiert, während man heute nach Altersstufen zwischen 80 und 75 Jahren differenziert. Aber auch damals schon wurde ein zu hohes Alter als ein Danaergeschenk empfunden, zumal wir kein spezifisches Mittel kennen, das Greisenalter zu verjüngen.

Wo kein Kraut gegen gewachsen ist, sollte eigentlich die Metaphysik helfen. Nach Cicero brachte erst die Sättigung des Lebens jenen Zeitpunkt herbei, der uns reif macht zum Tode. Der Tod könnte unser Leben transzendieren ins Absolute, auch wenn er noch so sehr verdrängt wird und eine Angelegenheit der anderen bleibt. Statt dessen ist das Altern immer mehr zu einer Parodie des Lebens geworden. Das Leben löst sich auf, wie Simone de Beauvoir dies beschrieben hat, Masche um Masche, wie ein abgetragenes Trikot, so daß man am Ende nur noch mit den verwaschenen Fasern spielt. Die Greise danken ab, oder sie werden zu Karikaturen ihrer selbst. Das Alter ist eine fortwährende Komödie, die man vor sich selbst und anderen aufzieht, und wird komisch, weil man sie so schlecht spielt.

Wo auch würde man lernen zu altern? Wir sind alle gewitzt genug, Geld für die alten Tage auf die Seite zu legen, aber wir engagieren uns nicht für einen reifen Lebensstil und ein letztes Lebensziel. Wir taxieren das Leben nach Leistung und schätzen Produktion als Wert an sich. Die Alten bleiben dabei übrig als Produkt des Systems, als Ausschuß, Abfall, Außenseiter: Sie sind zu einer Provokation der Gesellschaft geworden. Sie werden immer aktiver aus der Leistungsgesellschaft herausgedrängt und in eine passive Haltung verschoben. Alle Kompensierungsversuche sind unzureichend geblieben, ob man bessere Altenheime oder Seniorenstifte baut, ob man sich einer Urlaubsverschickung analog der Eliminierung der Irren in Aufbewahranstalten der Aufklärung widmet oder Altendörfer organisiert.

Die klassischen Lebensphasen mit Infantia, Adolescentia, Virilitas, Senectus, sie sind uns längst schon aus der Hand gerutscht. Wir verstehen kaum noch, was Nietzsche über das ewige Kind gesagt hat: „Wir meinen, das Märchen und das Spiel gehöre zur Kindheit: wir Kurzsichtigen! Als ob wir in irgend einem Lebensalter ohne Märchen und Spiel leben möchten! Wir nennens und empfindens freilich anders, aber gerade dies spricht dafür, daß es dasselbe ist – denn auch das Kind empfindet das Spiel als eine Arbeit und das Märchen als eine Wahrheit." Die Kürze des Lebens allein schon sollte uns vor dem allzu pedantischen Scheiden der Lebensalter bewahren.

5. *Alter als Krankheit*

Mit den Möglichkeiten, und mehr noch den Grenzen einer Medikalisierung der Alternsprozesse sind wir auf eine Grundfrage gestoßen, die bisher nur leise angeklungen ist, die Frage nämlich, ob wir das Alter überhaupt als Krankheit betrachten sollten, so wie dies die Weisheit des römischen Sprichwortes meinte, das besagt: „Senectus ipsa morbus". Sollte das Alter an sich schon wirklich eine Krankheit sein? Würden wir wohl die erste Kindheit mit ihrer Hinfälligkeit als eine Krankheit bezeichnen? Sind Säuglinge etwa nicht anfälliger als Greise?

Nun hat ganz gewiß jeder biologische Prozeß seinen eigenen Rhythmus, jede Phase des Lebens steht für sich: nicht nur das reife Mannesalter, auch die Jugend und die Kindheit, sie alle haben einen Wert an und für sich. Einen Wert an sich hat vor allem das Alter! Gerade der alternde Mensch – hat Friedrich Nietzsche gemeint – müßte Freude empfinden,

„wenn er sieht, wie sein Leib und Geist langsam von der Zeit angebrochen und zerstört werden", ausgereift und aufgelöst und vollendet.

In seiner berühmten „Oratio de senum valetudine tuenda" läßt der Wiener Leibarzt van Swieten (1763) die Alten denn auch lieber in Ruhe sterben, „da es nicht der Mühe wert erscheint, mehr die Mühsale als das Leben zu verlängern". Was man damals verordnen konnte, das war Diät im weitesten Sinne, Wein etwa als die „Milch der Greise", wenngleich „die Becher klein" sein sollten.

Van Swieten war damals, im Jahre 1763, schon 63 Jahre alt, und so konnte er sich denn auch in seiner Rede wie folgt legitimieren: „Wenn der Seemann von den Winden erzählt und der Bauer von seinen Rindern, so werden Sie hoffentlich auch mir, dem Greise, gestatten, über das Greisenalter zu sprechen" – so wie mir jetzt über das Alter als Krankheit.

Max Bürger (1960) hat Altern definiert als „irreversible Veränderung der lebenden Substanz als Funktion der Zeit", und er meint damit wohl, daß man unter Altern den gesamten Lebenslauf von der Empfängnis bis zum Tode zu verstehen habe, jene Lebensfrist eben, in der wir unser „Älter werden" erfahren.

Immer seltener wird – so scheint es – jenes sorglose Altwerden ohne Gebrechen, das die alten Ärzte „senectus" nannten, immer häufiger das Alter mit Gebrechen, das „senium", mit dem so charakteristischen Verlust an Abstraktion, Intuition, Kombination, Argumentation, Integration, mit zunehmender Demenz schließlich als Verlust der Intelligenz bei Verfall der Persönlichkeit, dem berühmten Kindischwerden, ein „senex puer" werden, ein „paidogeron". Der Alternde wird immer mehr seinem Leib als Organismus ausgeliefert, statt souverän über ihn zu verfügen. Aus dem existenten wird man zu einem insistenten und immer kläglicher insistierenden Menschen. Und mag man das Alter heute auch noch so sehr als eine „soziale Kategorie" begreifen und erforschen und vermarkten, Altern ist und bleibt zunächst einmal ein biologisches Faktum, eine uns sehr persönlich treffende Zumutung sicherlich auch, die manch einer nicht ohne weiteres hinzunehmen gewillt ist und die zu sehen man doch den Mut aufbringen sollte. Für jeden einzelnen von uns bringt daher das Älterwerden früher oder später die „Stunde der Wahrheit". Wir werden als Subjekt jeweils konfrontiert mit einer Grundbedingung jener Zeit, die uns so aufdringlich im somatischen Gefüge zum Schicksal wird. Hier wird ein wahrhaft existentielles Geschäft von uns verlangt, eine Lebensaufgabe, bei der uns niemand vertreten wird; hier kann dem Menschen nicht früh genug zur Gewißheit werden, daß sein Leben – bei allen technischen Transplantationen – nicht auswechselbar ist. Dieses uns gerade im Somatischen schicksalhaft Zufallende bleibt freilich rätselhaft, und es will bestanden werden als ein nie endendes Abenteuer.

Unwillkürlich denkt man dabei an den „Prediger Salomonis" und die Bitternis seiner Klage: „... ehe dann die bösen Tage kommen und die Jahre herzutreten, da du wirst sagen, sie gefallen mir nicht", da die Zeit eingetreten ist, „wo man sich scheut, hinaufzugehen und alle Lust vergeht" –, wo für uns alle die Nacht einbricht, „da niemand mehr wirken kann".

Um das Jahr 100 nach Christus konnte der römische Satiriker Juvenal schreiben: „Wie lang und wie bunt ist sie, die Reihe der Leiden im Alter! Siehe zuerst das formlose scheußliche Antlitz, wie es entstellt ist, die formlose Haut statt blühender Jugend. Hängende Wangen dazu und solch entstellende Runzeln!" Da haben wir ihn, den Greis, kahlköpfig und zahnlos: „Malmen muß er das Brot mit dem nackten Zahnfleisch, der Arme – und es schwinden die Freuden des Weins und des Mahles. Der Gaumen ist stumpf, und die Liebe vergaß er schon lange."

Ist das Alter denn letztlich nicht doch eine Krankheit, wenn man sie mehr und mehr zu spüren beginnt, seine Organe: den Magen und die Prostata, die Galle oder das Herz, die Knie und das Kreuz, die Zähne, die Leber und was alles sonst noch!

Eine alte, geisteskranke Patientin schrieb mir vor Jahren einmal: „Wir vergreisen, auch eine Geißel Gottes, dafür sind wir bis über Hals und Ohren versichert. Ich glaube, mit 80 Jahren ist es erlaubt, sich von den Herren Ärzten zu distanzieren, der Tod ist hier eine Wohltat. Ewig überzählig zu sein ...!"

Aus der Sicht des pathischen Betroffenseins im Alter, das einmal wesentlich systematischer zu katalogisieren wäre, wird uns aber nicht nur die subjektive Seite deutlicher, sondern auch, weit über alle historisierenden Aspekte hinaus, die tiefe biologische Verwurzelung der Alternsprozesse. Man nimmt mehr und mehr Abschied von den Dingen, von den Menschen, die einem lieb und teuer waren. Man will allein sein, keinen Ärger mehr haben, keine neuen Verpflichtungen eingehen, keinerlei Bindungen – alles Prozeduren, die von biologischer wie anthropologischer Sicht her wechselweise Erhellung erfahren.

Vor dem Tod freilich lösen sie alle sich auf, die Phasen der Lebensalter und auch die Phrasen vom „dritten" Leben. Dafür tritt das befristete Leben als Ganzes in unseren Horizont und damit sein innerer Rhythmus, die Zeit, jene „Zeit-Gestalt", die uns so drastisch begegnet gerade im Alter, beim Alt-Werden.

Und wie steht es heute damit, wo wir endlich und so mühsam eine Gerontologie und Geroprophylaxe und Gerontohygiene auf die Beine gebracht haben? Unsere Zeit – so schreibt Herhaus etwas bissig in seinen „Notizen während der Abschaffung des Denkens" – hat es mehrmals fertig gebracht, ganze Unterlassungsindustrien ins Leben zu rufen: „die Pille, die das Kinderzeugen verhindert, die Gewerkschaften, die das Streiken verhindern, die Kirchen, die die Theologie verhindern, die Regierungen, die mit ihren Bürokraten den Aufstand verhindern, die Sexindustrie, die die Sinnlichkeit abtötet, die Universitäten, die Erkenntnis verhindern".

Eine Art Unterlassungsindustrie ist sicherlich auch die moderne Medizin, der wir zweifellos den Überhang an Alter – euphemistisch „Verlängerung der Lebenserwartung" – verdanken, die aber in den letzten 100 Jahren ihrer naturwissenschaftlichen Fortschritte auch die Chance verwirkt hat, auf die Gestaltung des Alters therapeutisch einzuwirken.

6. Heilloses Altern

Mit dem Älterwerden begegnet uns unausweichlich das kranke Alter, das Verfallen im Alter, das sich steigern kann zu einem wahrhaft heillosen Alter, das vor uns ist, das um uns ist und bald auch hinter uns! Harmonisches Altern – gleicherweise verteilt auf Körper, Seele, Geist – ist da sehr selten, selten auch, daß Alter als Zutat empfunden wird, als Gnade, die „Gnadenzeit des Nachholens", als drittes Leben, als Lebens-Abend, und wie die Redensarten alle heißen. Meist ist das Alter eine Last, oft eine Zumutung, ein jämmerlicher Zustand, in dem man den Tod nur noch herbeisehnt.

Das sind jene „älteren Leute", von denen dann Hermann Hesse traurig im „Kurgast" (1953) bemerkt, sie seien besonders „tief in die Bedingungen des Lebens verstrickt". Und dann erscheinen sie in dieser Verstrickung plötzlich so brutal wieder, die alten „nichtnatürlichen" Lebensbedürfnisse, die man zeitlebens zu zivilisieren verstanden hat, um ihnen nunmehr in ihrer nackten Gestalt zu begegnen: die Umwelt im engeren Sinne (das bißchen Luft noch, das letzte Licht, immer weniger Wärme); die Lebensmittel (das Warten auf das nächste Essen, ein Schlückchen zwischendurch); die Bewegung (in kleinen Resten noch); die Ruhe (die kaum noch beruhigt und selten erquickt); das Wachen und Schlafen (viel Schlaf und halbe Dämmerung); der Stoffwechsel (das Ringen um die Verdauung, die Qual der Verstopfung); die Leidenschaften (gedämpfte, vertrocknete, verkorkste, ein Schatten nur noch in verblassender Erinnerung).

Mit einem Schlage bemerkt man – und dieser Schlag kann einen schon betroffen machen –, daß man nicht nur Leib *ist*, sondern auch einen Leib *hat*, seinen immer schwerer und schwerfälliger werdenden Körper als ein lästiges Anhängsel unseres so stolzen Ich.

Das Abenteuerliche einer befristeten Lebensführung versickert denn auch im trägen Ablauf der Jahre. Stück um Stück wird aufgegeben und vergessen. Das Milieu wirkt sich gegenteilig aus; das Faszinierende wie auch das Horrende der Ereignisse verflüchtigt sich ins Banale. Der träge Fluß der Zeit ebnet die Ufer ein. Man wird die Wand nicht mehr aufbrechen können, um die dahinter liegenden Dinge zu erfassen und zu erfahren. So ist es doch! Oder? Von Natur aus – rein aus der Sache selber – ist da gar nichts zu machen!

Überall und immer wieder das gleiche Lied! Denken Sie an den „Alten Mann und das Meer" – auch das nichts als eine der vielen Geschichten von der Großen Beute unseres Lebens, die man erkämpft und erlitten, ertrotzt und behauptet hat, und die einem dann doch nach und nach, auf der Heimfahrt, kurz vor dem Ufer, zerrissen und zerfressen wird bis auf das nackte Gerippe. Werden wir sie jemals im Ganzen erfahren und in ein Gleichgewicht bringen, diese pathischen Landschaften im Altwerden, im Immer-Älter-Werden? Gegen dieses Alter ist offensichtlich kein Kraut gewachsen. Was uns hier bleibt, das ist ein wahrhaft heilloser Prozeß!

„Weh mir", so schrieb der dreißigjährige Hölderlin, „wo nehm' ich, wenn / Es Winter ist, die Blumen, und wo / Den Sonnenschein, Und Schatten der Erde? / Die Mauern stehn / Sprachlos und kalt, im Winde / klirren die Fahnen" – mit dreißig Jahren, betitelt: „Hälfte des Lebens".

Dritter Teil

LEBENSFÜHRUNG IM ALTER

Vorbemerkung

Unsere Betrachtungen über „Altern lassen" und „Altern lernen", die letztlich hinauslaufen auf ein „Sein Alter leben", sollten nicht vorgetragen werden ohne einen eigenen Abschnitt über jene Regelkreise gesunder Lebensführung, die mir gerade für den alternden Menschen besonders wichtig erscheinen. Wir sollten bei diesem zentralen Kapitel vielleicht doch etwas konkreter werden und einmal im Detail festhalten, was die ältere Hygiene, die Diätetik, unter dem „Regimen Senum" und einer Gerontokomie oder auch Gerokomie verstand: einer Lebensführung gerade für das höhere Lebensalter, einer Rhythmisierung aller Lebensabläufe des Alltags, die im Alter von überraschender Bedeutung werden.

Gerade im hohen Alter brechen ja die Bedürfnisse an der Basis so unheimlich, oft so brutal, wieder hervor: das Ringen nach Luft, der Kampf um die Wärme, das Warten aufs Essen, Warten auf den Schlaf, die Sorge um den Stuhlgang, die geschrumpften und oft auch verschrobenen Emotionen und Affekte. Vor aller Therapie hat die Lebensführung gestanden, das „Regimen sanitatis", das im Mittelalter alle Lebenskreise und Berufstypen und auch alle Altersstufen umspannte. Die Spätscholastik ist voll von solchen „Regimina senum". Noch im Jahre 1498 konnte Gabriele Zerbi, Professor der Anatomie zu Bologna und Padua, eine „Gerontocomia" veröffentlichen, in einer umfangreichen und wertvollen Inkunabel, die er Papst Innozenz VIII. zugedacht hatte, und die heute als Pionierwerk der Gerontologie gilt.

In einem Anhang zu einem „Traktat vom mäßigen Leben", erstmals 1561 gedruckt, hat auch Luigi Cornaro die näheren Bedingungen des Altwerdens sorgfältig untersucht. Da sind zunächst einmal festliegende biologische Determinanten: die Frist, die uns gesetzt ist von Gott und der Natur, die „genetische Matrix", so würden wir heute sagen, eine biologische Mitgift, von der auch Cornaro weiß, wenn er zugibt: „Nun ist aber unsere Geburt den Sternen unterworfen". Das Gestirn aber, so fährt er weiter fort, zeigt uns zwar „gewisse Neigungen", übt aber „keinerlei Nötigung" aus.

Und so herrscht der weise Mann über die Sterne. Er kann mit seiner Lebensordnung die Säftekonstellation regulieren. Er hat seinen Spielraum, in dem er sein Leben gestaltet, und dies bis ins hohe Alter. Denn gerade im reiferen Alter erfahren wir, daß das Herz durchweg noch vollkommen funktioniert, daß der Verstand oftmals schärfer und heller ist als in der Jugend. „Und dies verdank ich meiner immer strengern Lebensordnung".

In seiner „Gründlichen Anweisung" (Halle 1718) hat Friedrich Hoffmann bei allen Regeln der Lebensführung die drei Phasen des Alters deutlich unterschieden: „Da wir gewillet sind zu zeigen, wie alte Leute durch eine heilsame Lebens-Ordnung und dienliche Speise und Trank ihre Gesundheit erhalten können; wird zuförderst nötig sein, daß wir denjenigen Teil des menschlichen Lebens, den wir das Alter zu nennen pflegen, etwas genauer bestimmen, und von denen andern Teilen recht unterscheiden. Es wird demnach das Alter nach der Ordnung, welche man in denen Schulen beobachtet, insgeheim in drei Teile geteilet. Der erste Teil erstrecket sich von dem sechsundfünfzigsten bis auf das dreiundsechzigste Jahr, und pfleget das grüne oder das lebhafte Alter genennet zu werden, alldieweil zur selben Zeit die Kräfte meistenteils noch ziemlich gut sind, und ein geringer Abgang daran verspüret wird. Der zweite geht vom dreiundsechzigsten Jahre bis auf das siebenzigste, und ist darinnen dieser Abgang schon merklich. Endlich der dritte Teil begreift das hohe und graue Alter, und nimmt mit dem siebenzigsten Jahre seinen Anfang, erstreckt sich aber bis auf das achtzigste und noch weiter, und endigt sich mit dem Leben selbst, zu welcher Zeit die Kräfte so wohl der Seele als des Leibes nach und nach gewaltig abnehmen, bis der Tod vollends das Garaus machet."

Angesichts dieser dramatischen Untergliederung der Lebensalter im Alter hält der erfahrene Arzt es für besonders wichtig, eine möglichst genaue „Untersuchung, wie alte Leute ihre Gesundheit erhalten können" zu vermitteln. Da heißt es: „Es ist eine verkehrte Gewohnheit, daß die meisten Menschen, wo nicht alle, einen Endzweck verlangen, doch aber die Mittel nicht gebrauchen wollen, die dazu dienlich sind. Man nimmt solches nirgends öfter wahr, als wo es die Erhaltung der Gesundheit betrifft, welche gleichwohl den fürnehmsten Teil der menschlichen Glückseligkeit ausmacht. Denn da ist wohl niemand, der nicht nach einem langen Leben und beständiger Gesundheit herzlich verlanget: allein die allerwenigsten wollen sich der Mittel bedienen, wodurch diese Schätze zu erhalten sind, und ihre Lebens-Art nach der Vorschrift der Gesundheits-Regeln schlechterdings einrichten, als welche erfordern, daß man in denen Dingen, wodurch das Leben unterhalten wird, die Maße so wohl in Ansehung der Zeit, als in der Art und Weise, wie man selbige gebrauchet, genau beobachte.

Hieher ist außer der Luft, Speise und Trank, die hauptsächlich zur Nahrung des Leibes dienen, alles dasjenige zu rechnen, wodurch ein sanfter und mäßiger Schlaf befördert wird, ingleichen die Bewegung des Leibes, und alles, was die zur Erhaltung des Lebens so heilsame Excretiones im Stande erhält. Ob nun zwar billig alle Menschen, welche lange zu leben und von Krankheiten befreiet zu sein begehren, sie seien von was Alter, Temperament und Leibes-Beschaffenheit, und an welchem Ort sie wollen, diese heilsame Gesetze sorgfältig in acht nehmen sollten; so haben doch fürnehmlich schwächliche Personen, am allermeisten aber alte Leute, die billig unter die schwächsten zu zählen sind, sich nach selbigen auf das genaueste zu richten, weil sie von undienlichen Sachen ungemein leicht einen Anstoß bekommen, und wo sie nur das geringste über die Schnur hauen, dafür gleich hart büßen müssen: da hergegen starke Personen und die in ihren besten Jahren sind, gar nichts deswegen auszustehen haben.

Da nun aber alte Leute, je mehr sie an Leibes-Kräften mit den Jahren abnehmen, desto mehr an Erfahrung und Klugheit zunehmen, und andere an Geschicklichkeit weit übertreffen; so kann man wohl zur Beförderung des gemeinen Besten nichts Nötigeres und Nützlicheres unternehmen, als wenn man für ihnen aus dem Vorrate der Kunst, welche die Gesundheit zu erhalten bemühet ist, heilsame Erinnerungen hervor suchet, damit solche ehrwürdige, geschickte und geübte Häupter so lange, als möglich ist, bei Gemüts- und Leibes-Kräften bleiben, und dem gemeinen Wesen mit ihrem Rat beistehen mögen. Wiewohl nun diese Arbeit von einigen allbereits vorgenommen worden; so sind wir doch durch die Fürtrefflichkeit und den Nutzen der Materie angereizet worden, auch unsere Gedanken davon dem Publico mitzuteilen, und die Hilfs-Mittel nebst der Art und Weise, wie alte Leute ihre Gesundheit erhalten mögen, etwas weitläufiger und sorgfältiger zu erklären. Wir bitten Gott inbrünstiglich, daß er uns dazu seine Gnade und Beistand verleihen wolle."

Dieses „Regimen sanitatis", es war das Herzstück der alten Heilkunst, es galt als die „Kunst zu leben". Die „Lebenskunst", ein „Terminus technicus", den wir Goethe verdanken, ist zu einer ganzen Literaturgattung geworden, die sich so anspruchsvoller Titel bedient wie „Makrobiotik" und „Orthobiotik" und „Kalobiotik". Immer ist damit die Kunst gemeint, nicht nur üppig zu vegetieren, sondern in Fülle zu leben und schöpferisch zu schaffen, das Leben nicht nur zu verlängern, sondern auch zu bereichern, zu vertiefen, zu verschönern und damit sinnvoll zu machen.

Wir sollten daher – Punkt für Punkt – festhalten, was die alten Ärzte positiv zur Bemeisterung dieser abenteuerlichen Situation geraten hatten. Wir müssen dabei etwas detaillierter auf die fundamentalen Lebensbereiche, auf die ältere Lebenskultur, eingehen, die sich auf sechs Punkte konzentriert, nämlich auf 1. den kultivierten Umgang mit der Umwelt, 2. die Kultur von Speise und Trank, 3. die Humanisierung der Arbeit und die Ordnung der Freizeit, 4. die Kultivierung der Wachzeiten wie der Nachtruhe, 5. die Regulierung des innersekretorischen Stoffverkehrs, darin eingeschlossen die Sexualhygiene und 6. auf die Beherrschung des Affekthaushaltes und damit den Einbau der sogenannten „Psychohygiene" in eine allgemeine Gesundheitsbildung.

Es bedarf sicherlich äußerster Anstrengungen, diese sechs Problemfelder nicht nur als historisches Erbe zu analysieren, sondern sie auch – gedanklich wie organisatorisch – in eine höchst persönlich zu stilisierende Lebensordnung zu integrieren. Mit diesen sechs Lebensmustern haben wir genau die Punkte im Griff, durch die bis ins hohe Alter hinein Kultur gleichsam in den Organismus eingepflanzt, eingebaut, eingeprägt werden kann, durch die Kultur zur zweiten Natur wird. Gesundes Sein ist nur zum Teil genetisch fixiert; der Rest muß errungen und erhalten werden bis ins höchste Alter.

Vor aller medikamentösen Therapie und *vor* allen physikalischen Maßnahmen hat daher gerade heute noch die diätetische Lebensführung zu stehen. Hier lernt man den kultivierten Umgang mit Speise und Trank, Bewegung und Ruhe, Arbeit und Muße, die man gerade im Alter genießen sollte. Gehen wir einmal ganz kurz diesem Schema einer diätetischen Lebensführung im Alter in allen Punkten gesondert nach!

1. Sich ergehen in freier Natur

Der erste Punkt unserer sechs „Regelkreise zu gesunder Lebensführung" betrifft den Umgang mit der Natur da draußen: mit Licht und Luft, Wasser und Wärme, Boden und Klima, der Umwelt also im weitesten Sinne. Das wäre im Grunde die Welt, die eigentlich unser Zuhause sein sollte. Wir leben ja im wahrsten Sinne des Wortes mit Licht und Luft, in einer Welt, die hier an der Haut beginnt und da draußen im Weltall endet. Ohne Nahrung lebt der Mensch drei

Wochen, ohne Wasser drei Tage, ohne Luft nicht einmal drei Minuten.

Der Mensch als Lufttier und Lichtpflanze ist biologisch gesehen ungemein stabil verankert, in seinem Wärmemantel, mit seinem Wasserhaushalt. Und alle Erkenntnisse der Medizin könnte man – so hat das Mark Twain getan – auf eine knappe Formel bringen: „Wasser, mäßig genossen, ist unschädlich". Das war vor 100 Jahren, und da konnte Mark Twain gut reden; denn damals konnte man Wasser noch trinken. Wir müssen für diese Umwelt, den ökologischen Kontext, einfach ein neues Sensorium entwickeln; denn: „Wir haben die Erde nicht von unseren Eltern geerbt; wir haben sie von unseren Kindern geliehen".

Licht, Luft und Wasser sind ganz selbstverständlich von besonderer Bedeutung für das höhere Alter, das sich denn auch besonders gern und erquicklich ergeht in freier Natur. Am 17. Oktober 1891 schrieb der damals 74jährige Historiker Jacob Burckhardt aus Basel an seine Schwester Hanna in Aigle, wie gerne er in die „wundervolle Landschaft" um Aigle gekommen wäre, um die „Anblicke von Ferne und Nähe" zu genießen, aber sein Alter zwinge ihn zu bleiben und sich zu begnügen –: „und ich bin jetzt für die Nähe so dankbar als ich früher auf weiten Reisen ungenügsam war wenn ich nicht gar Alles sehen konnte".

Seit Jahrmilliarden schon ist die atmosphärische Luft gleichsam die Außenhaut unseres Planeten, die Haut eines gigantischen Gehäuses, das allein uns das Leben garantiert, einzig und allein auch wirkt als das Fluidum unserer Existenz.

Was hätte man hier praktisch zu lernen? Die Augen aufmachen, die Ohren einstellen, wieder gehen zu lernen, atmen vor allem! Atmen – dieses „unsichtbare Gedicht, Weltinnenraum, in dem ich mich rhythmisch ereigne" (Rilke). Wir sollten genauer auf die Gesetzlichkeiten der Natur achten und damit das wiederfinden, was wir genannt haben: den Rhythmus des Alltags im Umgang mit der Natur! Wobei schon hier betont werden muß, daß dieser Alltagsrhythmus von selber kommen muß, als ein ganz selbstverständliches Fluidum der Lebenskultur, das Atmosphärische unseres Lebensstils. Was wir wollen, ist: regulieren, aber nicht reglementieren! Nur ja keine Lebenskunst von der Stange und keine Diätetik aus dem Labor!

2. Die Ernährung im Alter

Das gleiche Prinzip gilt nun auch für die Lebensmittel im engeren Sinne, das Essen und Trinken, den zivilisierten Umgang mit den Mahlzeiten, besonders wichtig in einem Zeitalter, das von Freßsucht, Trunksucht und Drogensucht geradezu gezeichnet ist. Wie wichtig eine Nahrungskultur sein kann, das lehrt uns jeder Blick in die Geschichte, das zeigt uns die Sprache des Alltags. Da heißt es nicht von ungefähr, daß „Liebe durch den Magen" geht. Da hören wir von Kummerspeck oder daß etwas partout nicht anschlägt. Man „frißt etwas in sich hinein" oder frißt sich „dick und dümmlich". Das Maul – so ein altes Sprichwort – ist „des Leibes Henker und Arzt", beides!

Die Sprichwörter sind voller Weisheit über den Umgang mit Speise und Trank. Da heißt es ganz allgemein: „Halt recht Maß in Speis und Trank, so wirst du weis und wenig krank", oder: „Ist der Magen satt, wird das Herz fröhlich", oder aber auch: „Viel Essen, viel Krankheit". Davon ist immer wieder die Rede: „Wer trinkt und ißt mit Mäßigkeit, der lebt gewöhnlich lange Zeit". Auffallend häufig achten die Sprichwörter auf die Beobachtung der Mahlzeiten im Tagesrhythmus. Käse, so hören wir, ist am Morgen Gold, am Mittag Silber und am Abend Blei. „Kurzes Abendbrot macht lange Lebenszeit", heißt es, und an anderer Stelle des gleichen Volksmundes: „Langes Abendbrot macht dem Magen große Not".

Auch hier ist die Sprache des Alltags verräterisch, wenn sich in scheinbar selbstverständliche Gegebenheiten moralische Begriffe einschleichen. Immer halten wir *da* etwas für „erlaubt" oder es wird uns *da* wieder „verboten". Wir entwickeln eine „Vorliebe" für bestimmte Genußmittel und entfalten eine „Abscheu" vor Nahrungsmitteln wie Pferdefleisch und Schlangenfett.

Wir sprechen nicht von ungefähr vom erfüllten Leben, von erfüllten Hoffnungen, vom Erfüllen der Begierde oder gar einer „Fülle der Zeit"; wir erfahren uns als lebenssatt nach erfülltem Leben, haben dabei aber vergessen, daß im Grunde der sich mit Nahrung füllende Magen es ist, der uns die Lust leiblicher Erfüllung gewährt, das Urbild von Lust überhaupt, und damit ein im Sinne der Erfüllung sich vollendendes Leben!

Wie aber ist denn die Lage heute? Nun: Wir saufen und fressen uns krank und zu Tode. Das Schreckgespenst vom „Selbstmord mit Messer und Gabel" ist längst Wirklichkeit geworden. Etwa 65% unserer Mitbürger leiden an Stoffwechselkrankheiten, bedingt durch falsche Ernährung. An die 10 Millionen leiden an chronischer Verstopfung, 8,5 Millionen sind übergewichtig, 6,3 Millionen klagen über Leber- und Gallebeschwerden. Wir haben 2,2 Millionen Diabetiker und 1,8 Millionen Gichtkranke. Die Dunkelziffer der Rheumatiker ist kaum abzuschätzen, und schon gar nicht die der Alkoholiker!

Und auch hier wieder darf ich erinnern an die Weisheit unserer Sprichwörter, die besagen: „Der Fraß bringt mehr um als das Schwert" oder „Im Kruge kommen mehr um als im Kriege" oder „Wer trinket ohne Maß, wird bald der Würmer Fraß". In der Tat: Wir saufen und fressen uns zu Tode, während Millionen und Millionen von Menschen vor unser aller Augen verhungern und verdursten.

Als das große Gesundheitsbuch des lateinischen Mittelalters imponiert uns auch heute noch das „Regimen sanitatis Salernitanum", das Buch der Gesundheit aus der Schule von

Salerno, das uns in Hunderten von Merksprüchen die Regeln zur gesunden Lebensführung vermittelt. Was die Speiseordnung betrifft, so hören wir von den sechs Kriterien der Nahrung, die lauten: „quale, quid, quando, quantum, quoties et ubi dando". Auf deutsch: „Welcherlei, was und wann, wie viel und wie häufig man, wo man sie gebe, die Speisen, der Arzt muß es lehren und weisen". Und auch das scheint der weise Arzt immer – damals wie heute – erfahren zu haben: „Aufgewärmte Speise, Ärzte, die nicht weise, und die bösen Weiber, sind Gesundheitsräuber".

Hier ging es stets um ganz einfache, feste, um ganz bestimmte, aber auch ganz simple Regeln: „nämlich daß man nicht esse ohne Lust, daß man sich nicht ganz sättige, sondern mit Lust aufhöre zu essen. Daß man mit wenig Speis begnügig sei und nicht mancherlei auf einmal esse, daß man auch nicht viel Hunger leide, sondern wenn's darkomme, daß man esse und dergleichen, als alleweg tun soll, wer gesund bleiben will"! So in einem Traktat aus dem Jahre 1608 mit dem Titel: „Des Albertus Magnus Heimligkeit des weiblichen Geschlechts".

In seiner „Auslegung der zehn Gebote" predigt Paracelsus geradezu, und hier kommt seine besondere ärztliche Erfahrung zu Wort, wenn er schreibt: „Wie wir nun andere Leute nit töten sollen, so auch uns selbst nit. Das ist auf vielerlei Art zu erkennen: Der sich zu Tode säuft, frißt, undsoweiter, der ist an sich selbst ein Schuldner, so als hätte er sich selber erstochen. Drum esse und trinke ein jeglicher so, daß er am Jüngsten Tage seine Völle zu verantworten wisse und das, was ihm daraus entstehe. Und lerne ein jeglicher die Arznei dermaßen, daß sie niemanden töte oder sein Leben verkürze."

Auf die Kultur von Speise und Trank hat sich in besonderem Maße der Arzt und Philosoph Luigi Cornaro (1467–1565) bezogen, als er – in seinem 93. Lebensjahr – einen Traktat über die Lebensregeln verfaßte. Da heißt es: „Wer viel essen will, der esse wenig", oder noch deutlicher:

"Die Speise, die einer übrig läßt, bekommt ihm besser, als die, so er gegessen". An die alternden Gefäße denkt man, wenn man liest: "Die Lebensgeister des Mäßigen laufen lieblich durch die Schlagadern".

In seinen "Ratschlägen, hundert Jahre alt zu werden" berichtet Cornaro: "Obgleich sie sehen, daß sie von der Unmäßigkeit so übel zugerichtet werden, so meiden sie dennoch die Mäßigkeit und sagen: "Es ist besser, seinem Appetit zu folgen und zehn Jahre weniger leben, als seine Natur ohne Unterlaß im Zaum zu halten". Aber sie bedenken nicht, sagt Cornaro dann weiter, "wie viel einem Menschen gelegen sein kann an zehn Jahren seines Lebens, und zwar eines gesunden Lebens, in jenem guten Alter, wo die Klugheit, Weisheit und alle übrigen Tugenden erst jene vollkommene Höhe erreichen, welche sie nur in diesem Alter erlangen können".

Das Alter – so Cornaro 1561 – erfordert einfach ein eigenes Regimen. "Unsere Mutter Natur hat es so mit den alten Leuten eingerichtet, daß sie mit gar wenig Speise leben könnten". Wir dürfen auch in dieser Hinsicht mit gutem Gewissen bescheidener werden, sollten uns mit immer weniger Lebensmitteln begnügen. "Die Menschen würden gewißlich länger leben, wenn sie mit zunehmendem Alter das Maß ihrer Speisen verringern wollten und wenn sie etwas öfter, dafür aber immer weniger auf einmal äßen. Denn der Magen alter Leute kann nur geringe Mengen verdauen, und der Greis wird darin gleichsam wieder zum Kinde, daß er des Tages viele Male Nahrung zu sich nimmt". Von dem "Laster der Fräßigkeit" und der "Tugend der Mäßigkeit" ist hier immer wieder die Rede. In den "Leibern alter Leute" mehren sich einfach die schlechten Säfte, weshalb Erziehung bis ins hohe Alter nottut. Ist doch letztlich ein jeder sein eigener Arzt. "Deshalb eben kann keiner eines anderen vollkommener Arzt sein."

Schon Demokrit aus Abdera (494–404 v. Chr.) hat uns in seinen Denksprüchen eine tiefe Lebensweisheit hinterlassen, wenn er bemerkt: "Da fordern die Menschen in ihren Gebeten die Gesundheit von ihren Göttern, wissen aber nicht, daß sie die Macht darüber in sich selbst haben. Durch ihre Unmäßigkeit wirken sie der Gesundheit entgegen; durch ihre Gelüste werden sie selbst zu Verrätern an ihrer Gesundheit."

Gleicherweise wichtig erscheint daher der gebildete Umgang mit Speise und Trank, die Kultur von „cibus et potus", Diätetik der Lebensmittel. Wenn alte Leute, die schon „das Siegel der Greise an sich tragen", „gefräßiger werden, als sie sonst waren", dann „zittere ich für ihr Leben". So schreibt ein Dr. Birnstiel, Hochfürstlich Speyerischer Hofrat und Stadtarzt zu Bruchsal, auch Landphysikus des diesseits dem Rhein liegenden Fürstentums, in einem Traktat: „Die Sterblichkeit in dem Kranken- und Waisenhaus zu Bruchsal" (1789), einem Haus also, wo sie, die Greise, normalerweise „ihr durchgeseufztes Leben aushauchen".

Immer wieder hat Paracelsus auf eine bewußte Ernährung im Alter hingewiesen und geradezu gepredigt: „Er soll wissen, was er esse und trinke, was er wirke und trage, was ihm darauf entspringen mag zur Verlängerung seines Lebens." Und noch einmal: „Wenn einer isset zu seiner Gesundheit und meidet das, was sein Leben verkürzt: das ist der rechte Faster! Denn alle unsre Dinge sollen sein zum langen Leben."

Was wir für die Welt von morgen erwarten, und was wir heute schon brauchen, das wäre ein Katalog der Lebensmittel für alle Lebensalter, für die Kindheit wie auch alle Reifungsphasen, nicht zuletzt für die richtige Ernährung im Alter. Denn in Gesundheit sein Alter hochzubringen, das ist keine Frage der Medikamente, sondern eine Aufgabe persönlicher Lebensführung.

Die Regeln für die Ernährung im Alter aber sind so wichtig wie einfach: reiche und reichliche Mahlzeiten vermeiden; abwechslungsreiche Grundkost und ausreichend Eiweiß, Mineralien und Vitamine; wenig Fette und Kohlehydrate; genügend Ballaststoffe und viel trinken! Man trinke am besten Mineralwasser, auch schon mal Wein, aber keine scharfen Alkoholika! Man begnüge sich vor allem nicht mit Verboten, sondern gebe Hinweise auf Essen und Trinken, das Spaß macht bis ins hohe Alter!

Zur Ordnung der Lebensmittel gehört ganz gewiß aber auch die Frage: Mittel zum Leben, ja, gut und schön, aber Mittel zu welchem Zweck? Ist es ein Mittel zum Schlankbleiben, zum Gesundsein, zum Altwerden? Und ist es selbst als Mittel zum Gesundbleiben ein letzter Zweck, so als ob Gesundheit wirklich das höchste Gut wäre? Das Leben ist der Güter höchstes nicht, singt ein deutscher Dichter, sollte es ausgerechnet die Gesundheit sein?

Bei Paracelsus, dem großen Wanderarzt auf den Grenzwegen zwischen Mittelalter und Neuzeit, können wir lesen: „Wie die Speise in den Leib geführt wird, um ihn zu erquikken in all seiner Wollust, also gibt die äußere Welt dem Menschen all seine Vernunft, Kunst und Weisheit". Die äußere Welt ist es, die uns die innere schenkt.

Als Weisheit galt nicht von ungefähr bei den alten Philosophen, daß man sich die Dinge dieser Welt so „schmecken" läßt, wie sie nun einmal sind, mehr noch: daß man ihnen auf den „Geschmack" kommt, sie aufspürt, um sie dann auch leibhaftig zu spüren. Das allein meint ja „sapere" = schmekken, wovon die „sapientia" kommt, die Weisheit, von der die alte Diätetik mit ihren so vernünftigen Regeln zu gesunder Lebensführung noch gewußt hat.

Bereits als Dreißigjähriger schrieb Goethe in sein Tagebuch: „Möge die Idee des Reinen, die sich bis auf den Bissen erstreckt, den ich in den Mund nehme, immer lichter in mir werden!" Und noch der achtzigjährige Goethe konnte bekennen: „Der Mensch gehört zur Natur, und er ist es, der die zartesten Bezüge der sämtlichen elementaren Erscheinungen in sich aufzunehmen, zu regeln und zu modifizieren weiß".

In seinem „Wilhelm Meister" aber bekennt der reife Goethe – und hier trifft er sehr genau das Prinzip der alten Lebensordnung –: „Ich habe vom Sittlichen den Begriff einer Diät, die eben dadurch Diät ist, wenn ich sie zur Lebensregel mache, wenn ich sie das ganze Jahr nicht außer acht lasse".

3. Bewegung und Ruhe im Wechselspiel

Der dritte Punkt unserer Lebensführung betrifft den Wechsel von Bewegung und Ruhe, den Kreislauf von Arbeit und Muße, das Gleichgewicht von Anstrengung und Erholung, den großen Rhythmus also von Arbeitsalltag und Feierabend, der im Alter gemächlicher schwingt, seine charakteristischen Varianten aufweist und in unserer modernen Gesellschaft völlig neue Züge zeitigt.

Die Abwanderung aus den Berufen des primären in solche des tertiären Sektors nimmt ständig zu. Damit verbunden sind die Verkürzung der Arbeitszeit während des Berufslebens, die Konzentration der einzelnen Arbeitsvorgänge, die Automatisierung des Arbeitstaktes selber. Die Fabriken beginnen sich zu leeren; immer neue Freizeitzentren werden eingerichtet und ausgebaut. Daß dies nicht nur Fragen des Lebensstandards sind, sondern auch der Lebensqualität, wird uns immer deutlicher bewußt. Die Ausbildungszeit weitet sich, während das Ruhestandsalter bereits dem reiferen Manne begegnet.

Die alte banale Frage des Rentners: „Was fange ich denn nun mit dem Rest meines Lebens an?", sie ist einfach nicht mehr aktuell zu einem Zeitpunkt, wo das Pensionsalter von 65 auf 58 Jahre verrückt und das Sterbealter von 70 auf weit über 80 Jahre hinaufgeschraubt wurde. Im Jahre 2000 werden wir nur noch 33 Jahre arbeiten statt 50; statt vier Wochen Urlaub erwarten wir dann 12 Wochen im Jahr, die 40-Stunden-Woche bröckelt ständig weiter ab und wird bald die 30 erreicht haben.

Auf dem Wege zu einer postindustriellen Gesellschaft werden wir zu einem völlig neuen Begriff der „Arbeit" kommen müssen, wobei das „Arbeiten im Alter" ganz gewiß nicht ausgespart bleibt. Wir verstehen dabei „Arbeit" nicht mehr so sehr im Sinne von Karl Marx, daß sich menschliche Wesenskräfte nämlich nur im Vollzuge sozialen Tätigseins realisieren ließen, „Arbeit" noch weniger im Sinne Freuds, der

Arbeiten nur unter dem Zwang der äußeren Lebensumstände verrichtet sah, als Einfuhr und Abfuhr von Triebenergie, „Arbeit" vielmehr im Sinne persönlicher Selbstverwirklichung, als eine Form der Widerspiegelung des so vielschichtigen Menschenwesens, als eine Möglichkeit, allen Kräften, Motiven, Gefühlen kreativen Ausdruck zu verleihen und damit auch einen letzten Sinn.

Bewegung an sich ist ja widersinnig: Sinn jeder Bewegung ist Ruhe! Diesen erstaunlichen Satz können wir bei Thomas von Aquin lesen, und ganz ähnlich hatte dies bereits Aristoteles formuliert. Die Natur kann in einer bloßen Bewegung keinen Sinn erblicken: „Impossibile est igitur quod natura intendat motum propter seipsum. Intendit igitur quietum per motum". Bewegung an sich ist ein Notstand, ein Gebrechen, ein Mangel dessen, was sich bewegt, die bloße Antwort auf ein elementares Bedürfnis und aus all diesen Gründen ein rein negativer Bestand der Natur. Jede Bewegung erreicht ihre Befriedigung erst, wenn sie aufgehört hat, nur Bewegung zu sein und nichts als das, wenn sie zur Ruhe gekommen ist und zu ihrem Sinn und Ende. „Also (schreibt Paracelsus in seinen Theologischen Schriften) sollten wir in die Ruhe gehen und uns umwenden und wieder hinter uns treten in unsere Kindheit zu gleicherweis' wie das Alter".

Unter den Regeln für eine gesunde Lebensführung, die ein hohes Alter garantieren, finden wir bei Hippokrates schon die Erfahrung: „Alle Teile des Körpers, die zu einer besonderen Aufgabe bestimmt sind, bleiben gesund, wachsen und haben ein gutes Alter, wenn sie mit Maß gebraucht werden und in den Arbeiten, an die jeder Teil gewöhnt ist, geübt werden. Wenn man sie aber nicht in Gebrauch nimmt, neigen sie eher zu Krankheiten, nehmen nicht zu und altern vor der Zeit" („De articulis reponendis").

Der Wechsel von Bewegung und Ruhe, der für das aktive Leben in seiner Gleichgewichtigkeit mehr oder weniger gehalten werden konnte, beginnt sich mit dem einbrechenden Alter auf charakteristische Weise zu verlagern. Die Freizeit ist nun plötzlich nicht mehr die Erholung von der Arbeit, sondern unterliegt einer eigenen Tätigkeit und gerät damit abermals unter einen Leistungsaspekt.

Nichts aber ist wichtiger für die Rhythmisierung des Alltags als das Wechselspiel von Bewegung und Ruhe. „Das erste Erhaltungsmittel, ohne welches alle anderen Hilfsmittel vergeblich sind, ist, dem Geist Ruhe zu gönnen." So schrieb Tissot 1769 in seinem Traktat über die „Gesundheit der Gelehrten", und weiter: „Ich weiß, daß es eine kleine Anzahl von Menschen gibt, die über alle anderen erhaben sind, denen man diesen Rat zu geben sich nicht unterfangen würde". Das sind sicherlich aber Ausnahmen, und recht seltene!

Man hat bereits vom Übergang der „Arbeitsgesellschaft" in eine „Tätigkeitsgesellschaft" sprechen können (Rosenmayr, 1985), und gerade der alternde Mensch wird nicht von einem Tätigsein entbunden, auch wenn es gerade im Alter Tätigkeiten sein werden, die außerhalb der Arbeitswelt erlebt werden. Solches Tätigsein kann und sollte durchaus mit den verschiedensten Segmenten der Arbeitswelt verbunden bleiben. Auch die erwerbstätige Industriegesellschaft scheint ja immer mehr einer Segmentierung der Arbeit zu verfallen.

Das alles meint vielleicht auch das Motto „Älter werden – aktiv bleiben". Aktiv – aber wie denn, und vor allem: warum? Warum Aktivität nur als körperliche Mobilität, als soziale Agilität? Aktive Alterspflege, das sollte doch letztlich auch bedeuten: trotz zahlreicher und trotz wachsender Beschwerden sein eigenes Leben zu gestalten, sein Leben zu Ende zu führen. Vielleicht fehlt uns auch so etwas wie eine Geriagogik, wie man neuerdings die Lebensführung alternder Menschen bezeichnet!

Dem gerontologischen Aktivitätsrummel unserer Tage freilich energisch entgegenhalten sollte man eher die Muße, besser noch: das Gleichgewicht von „motus et quies", ein in sich geschlossenes Gleichgewichtssystem von Bewegung und

Ruhe. Im Jahre 1817 konnte Wilhelm von Humboldt schreiben: „Ich hätte gern, bevor ich stürbe, einige Jahre bloßer Ruhe, reiner Abgezogenheit von den irdischen Dingen der Welt". Humboldt war damals 50 Jahre alt. Aus dem gleichen Alter lesen wir den erstaunlichen Satz: „Es würde mir sein, als hätte mir im Leben etwas gefehlt, wenn ich nicht eine leere, rein müßige Zeit vor dem Tod gehabt hätte." Wie selten haben wir das noch, diese Sehnsucht nach leerer Zeit, ein solches Verlangen nach langer Weile, Zeit, die sich rundet, ein Raum, der ganz wird!

4. Vom Glück des Schlafens

Mit dem Gleichgewichtssystem von Bewegung und Ruhe hängt mit dem Älterwerden in wachsendem Maße das Gleichgewicht von Schlafen und Wachen zusammen. Der nächste Punkt unserer Lebensordnung betrifft daher den gewaltigen Zeitraum, den wir einfach verschlafen oder verträumen. Jeden Tag kommt heilsam die Nacht über uns, werden wir einfach dahingerafft in den Schlaf, ohne daß wir uns zu entziehen wüßten diesem grandiosen Wechselschlag kosmisch gesteuerter Wirklichkeiten.

In einem Dialog zwischen dem „Schmerz" und der „Vernunft" schreibt der italienische Dichterphilosoph Petrarca (1474): „Schlaf ist ein kurzer Tod; darum wache und freue dich des Wachseins!", und dann weiter: „Willst du guten Schlaf, so gibt dem Haupte Ruhe, dem Körper Arbeit, dem Gemüt leichte Sorge!" Mit dem wachsenden Alter aber, wo die körperliche Arbeit nachläßt und die Sorgen des Gemütes bleiben, wird sich auch der Schlaf – seiner Qualität wie Quantität nach – verändern müssen. Es ist durchaus natürlich und sollte daher auch toleriert werden, daß man nicht mehr so lang und nicht immer so tief schläft. Man sollte es sich leisten dürfen, auch einmal eine Nacht zu vertrödeln und zu verduseln, und sollte nicht sogleich zu Medikamenten greifen.

Es gibt nun – wie wir alle wissen – bei allem kosmischen Gleichschritt doch verschiedene Typen, die wir die „Morgenmenschen" nennen könnten oder aber auch „Nachtmenschen". Das sind die „Lerchen", die am frühen Morgen wach und munter sind, und die „Eulen", die vor dem Erwachen in eine Tiefschlafphase geraten, sich müde und schlaff in den Morgen schleppen, um spät am Abend rundum dabei zu sein. Hier bleibt der Mensch, und hier bleiben auch die alternden Partner, nicht Sklaven der rhythmischen Abläufe, behalten vielmehr ihren eigenen Spielraum, den freilich auszubauen und bis ins hohe Alter auszunutzen einer hohen Kunst bedarf.

Wer sich rundum ausschläft, der ist gewiß wacher für seine Welt, steht bereit, kann warten, bleibt aufmerksam, läßt sich noch überraschen. Wer hingegen sein Müdesein ständig überspielt oder sich gar bis zur Erschöpfung verfallen läßt, der verliert seinen aufmerksamen Grund und verkrampft sich in der öden Optik des alltäglichen Trotts.

Diese so intime, so ganz und gar private Planwirtschaft im Rhythmus des Alltags, sie ist letzten Endes nichts als Ökonomie der Zeit: gebildeter Umgang mit dem Ablauf der Minuten, der Folge der Stunden, dem Wechsel von Tag und Nacht – ist der beständigste und umfassendste Takt unseres Lebens, den man nicht ungestraft verkürzt auf ein Ritual mit Weckpillen und Schlafpillen und Tranquilizer zwischendurch bei jedem kritischen Wehwehchen!

Unter allen Regelkreisen erscheint mir für das Alter am wichtigsten der Rhythmus des Alltags. Spielt die Rhythmisierung aller Lebensläufe schon allgemein eine wichtige Rolle, so kann sich die fehlende Gliederung des Tagesablaufs für ältere Menschen als geradezu verhängnisvoll erweisen. Hier kommt alles an auf eine Ökonomie der Zeit, auf den gepflegten und immer wieder neu zu pflegenden Umgang mit den Tagen, den Stunden, und alles das nach dem alten Leitspruch: „Tempora tempore tempera" – Richte ein deine Zeit in der Zeit!

Hier geht es wahrhaftig um fundamentale Gleichgewichte, die zudem seit jeher kosmisch verankert sind und von denen die großen Meister der Lebensweisheit so vieles gewußt haben. Zum Geheimnis von Goethes eklatanter Produktivität gehört nicht zuletzt seine enorme Fähigkeit zur Entspannung. Hier im Schlaf, da fällt man einfach zurück – „Zurück zu den Müttern" –, wie denn nicht von ungefähr auch der Schlaf von den Psychoanalytikern gedeutet wird als eine Rückkehr in den Mutterschoß, wo man sich gönnt und gönnen sollte sein kleines embryonales Interregnum. Hier sollte ich den oft so boshaften, immer aber geistreichen Lichtenberg zitieren dürfen, der einmal sarkastisch bemerkt hat: „Das Meisterwerk der Schöpfung muß zuweilen eine Pflanze werden, um einige Stunden lang das Meisterwerk der Schöpfung repräsentieren zu können."

Es gibt offenbar – und das spüren wir von Jahr zu Jahr lebhafter – auch in uns Uhren, die das Leben stellt. Es offenbaren sich uns augenscheinlich beim bewußten Umgang mit uns selber uralte Erfahrungen, die uns zeigen, daß wir in unserem Organismus Rhythmen tragen, die dem großen kosmischen Wechselspiel von Tag und Nacht gleichgeschaltet sind, Uhren also, die das Leben stellt. „Ich muß den Zirkel, der sich in mir umdreht, von guten und bösen Tagen näher bemerken", schrieb Goethe in sein Tagebuch, um daraus zu fordern: „Ich muß noch herauskriegen, in welcher Zeit und Ordnung ich mich um mich selbst bewege". Niemand scheint mir diese Form der Lebensordnung klassischer ausgedrückt zu haben als Goethe, da er – 77 Jahre alt – an Boisserée schrieb, er wisse nichts besseres zu tun, als seine „dankbare Anerkennung durch jugendliche Tätigkeit auszudrücken". Und dann weiter, und sehr genau unser Problem treffend: „Ich will des mir gegönnten Glücks, solange es mir auch gewährt sein mag, mich würdig erweisen, und ich verwende Tag und Nacht auf Denken und Tun, wie und damit es möglich sei.

Tag und Nacht ist keine Phrase, denn gar manche nächtliche Stunde, die dem Schicksal meines Alters gemäß ich schlaflos zubringe, widme ich nicht vagen und allgemeinen Gedanken, sondern ich betrachte genau, was den nächsten Tag zu tun sei."

5. Sexualität im Alter

Von nicht abzuschätzender Bedeutung wird im Alter der fünfte Regelkreis: der kultivierte Umgang mit dem eigenen Körper, ein „Umgang mit sich selber", wozu dann auch alle Intimpflege zählt, alles das, was die alten Ärzte unter „Excreta et secreta" zusammenfaßten, alle die so banalen Absonderungen und Ausscheidungen, der ganze, so erstaunliche innersekretorische Stoffwechselhaushalt.

Zur Kunst gesunder Lebensführung gehören daher auch so banale Dinge wie die Verdauung, der Stoffwechsel, die Ausscheidungen – die Kehrseite also von der Medaille von Essen und Trinken, von Mahl und Mahlzeiten. Hier sind Leib und Seele besonders intim miteinander verkittet und verkettet. Wir haben das alles noch nicht im System bedacht, dieses imponierende Gefüge eines so großartigen Stoff-Wechsels, Stoff-Umsatzes, Stoff-Verkehrs, in das wir mit unserer Organisation leibhaftig eingebunden sind. Hier begreift man erst, daß Lebensordnung (wie Ordnung überhaupt) kein „Zu-Stand" ist, sondern – was ein guter Kapellmeister und eine anständige Hausfrau schon immer wußten – ein „Vor-Gang", ein laufendes Aufräumen und stetiges Abstimmen, ein geistvolles Spiel mit abgestuften Nuancen zum Zweck einer Harmonisierung.

Der Mensch muß wieder – das glauben wir erfahren zu haben – das Urvertrauen zu seiner eigenen Körperlichkeit und Sinnlichkeit lernen, zu seiner so ganz und gar leibhaftigen Verfassung, bei der es nicht um „psychische" oder „soziale"

Faktoren geht, sondern immer um den ganzen Menschen: mit Herz und Hirn und Haut und Haaren.

Man spricht heute so viel von einer „Kultur des Alltags"; man möchte sie wieder lernen, die „Sprache des Körpers", ein ganzes Alphabet leibhaftigen Umgangs mit sich und mit anderen, bis hin zu all den hochspezialisierten Dialekten, die jedes Organ von sich gibt, wenn wir nur darauf achten. Hier haben wir uns immer wieder von neuem auch zu üben, nicht nur in der „Körperpflege", der Kosmetik (darin natürlich auch), sondern in einer ganz allgemeinen, körpernahen Bildung. Das beginnt bei der eben erwähnten Körpersprache und geht über „gebildetes Wandern" und reicht bis zu heute beinahe schon gänzlich vergessenen Künsten wie: der Kunst, Briefe zu schreiben oder ein Tagebuch zu führen, sich selbst also zu schreiben oder auch andern.

Die Körpersprache müßte wirklich so weit kultiviert werden, daß wir gewissermaßen auch die „Organdialekte" verstehen: wie jeweils der Magen sich äußert, und nicht nur „knurrt", was Leber und Lunge uns zu sagen haben, die Galle etwa, die so leicht überschäumt, das Herz, der Bauch, der ganze Körper eben. Friedrich Schiller, als er noch Kandidat der Medizin war, verdanken wir die schöne Beobachtung (aus seiner Doktorarbeit im Jahre 1780): Krankheiten, die aus der „Oekonomie des Unterleibs" hervorgehen, kündigen sich an mit einer „Revolution im Charakter", und bewirken dann natürlich auch wieder eine oft so merkwürdige Veränderung des Charakters.

Im Zentrum dieser innersekretorischen Stoffwechselprozesse steht dann natürlich auch unser Geschlechtsleben, das im Laufe eines Lebens seine eigenen Perioden aufweist und sich im Alter keineswegs zur Ruhe setzt. Wenn wir von Sexualität reden, denken wir in erster Linie an ihre biologische Bedeutung: die Fortpflanzung der Art, wie sie über die Vereinigung einer männlichen Samenzelle mit der weiblichen Keimzelle nun schon seit Jahrmillionen vor sich geht.

Aber Sexualität erschöpft sich nicht im biologischen Ablauf, sie hat offensichtlich eine soziale Funktion. Seit Aristoteles betrachten Medizin wie Philosophie den Menschen als ein genuines Gemeinschaftswesen, das „zoon politikon", ein „animal politicum", wobei Albertus Magnus noch einmal besonders zu differenzieren wußte, wenn er sagt: Der Mensch ist ein „animal politicum" – ganz klar! –, aber er ist noch etwas mehr, nämlich ein „animal magis conjugale quam politicum"; er ist angewiesen auf die kleinste konkrete Gemeinschaft, auf die Partnerschaft von Mann und Frau.

Das Märchen vom „geschlechtslosen Alter", es sollte wirklich ins Märchenland verwiesen werden. Die Wirklichkeit sieht völlig anders aus zu einer Zeit, wo jeder dritte Mitbürger älter als 60 Jahre ist. Es kann keine Rede davon sein, daß mit zunehmendem Alter die Männer impotent und die Frauen frigide werden. Was sich ändert, ist der altersbedingte Ablauf, das Tempo und auch das Temperament, das Kolorit eines Lebens zu zweit. Auch hier gilt die alte Weisheit: „Wer rastet, der rostet", ein Lebensprinzip, das gerade im Alter seine Gültigkeit beansprucht.

Was hat sich auf diesem Gebiete nicht alles in wenigen Generationen verändert! „Das Greisenalter beginnt mit dem Erlöschen der Geschlechtsfunktionen", konnte noch in der zweiten Hälfte des 19. Jahrhunderts das „Hauslexikon der Gesundheitslehre" (1872) schreiben, was in der Regel beim Manne mit 60, bei der Frau mit 50 Jahren der Fall sei. Dann heißt es weiter: „Abnahme der Ernährung und der Energie aller Funktionen charakterisieren diesen Lebensabschnitt, der in normaler Weise durch den schönen Tod der Altersschwäche endet".

Angesichts der steigenden Lebenserwartung wird uns die so hartnäckig verharrende Dynamik des Geschlechtslebens, bei zunehmender Schwächung der vitalen Schicht, vor neue und völlig unerwartete Probleme stellen. Es ist einfach nicht mehr wahr, was das alte russische Sprichwort noch so schön getroffen hatte, wenn es sagt: Bis dreißig wärmt die Frau, nach dreißig der Schnaps und endlich nicht einmal mehr der warme Ofen! Mit Sexus und im Eros begegnet uns weitaus mehr, als was man so braucht (an Lebensmitteln), was man so hat (an Lebensstandard), was man so will (an Lebensbedürfnissen). Hier leben wir eben nicht *mit* den Werkzeugen, *von* den Lebensmitteln, *aus* einer Leistung oder *im* Genießen: Der Mensch lebt nicht vom Brote allein!

Aber diese private Raum für das Alter ist natürlich längst nicht alles! Zu lernen hätte man nicht nur das Allein-Sein, sondern auch das Zu-zweit-Sein, ein Zu-zweit-Bleiben (20, 30, 40 Jahre – und das ist schon ein Brocken!). Erforderlich wäre zu einem Zusammenleben von alten, jungen und mittleren Menschen nicht nur eine neue Wohnordnung, sondern auch eine Lebensweise, die drei oder vier Generationen gleichzeitig untereinander verbinden würde.

6. *Zur Kultur der Leidenschaften*

Der letzte Punkt unserer Lebensführung betrifft – und das sollte gerade bei unserer abenteuerlichen Wanderung durch das Alter nicht übersehen werden – den kultivierten Umgang mit sich selbst und anderen, genauer: Umgang mit unseren Affekten und Emotionen, mit unseren – wie man das früher nannte – Leidenschaften und natürlich auch Freudenschaften.

Hier geht es um das Atmosphärische jener kultivierten Lebensordnung, die uns eine durchgehende Rhythmisierung des Alltags vermittelt, das Fluidum des Alltäglichen eben, das die alten Ärzte zu stilisieren wußten im Umgang mit Licht und Luft, Wasser und Wärme, Boden und Klima – unserer Umwelt also im engeren und weiteren Sinne, zu der dann auch alle Lebensmittel zählen und alle Affekte.

Hier spüren wir abermals sehr deutlich, daß alle diese Regelkreise gesunder Lebensführung nicht isoliert betrachtet werden können, daß sie alle insgesamt erst das volle Orchester der Lebensordnung ausmachen. „Zum Genuß der natürlichen Genußmittel sowie aller wahren Güter des Daseins" – schreibt der Hygieniker Werner Kollath – „bedarf es der inneren Ruhe, der äußeren Sicherheit und der Verbundenheit mit den Menschen seines Lebenskreises sowie der Natur."

Alle diese „affectus animi", wie die alten Ärzte das nannten, sie werden heute systematischer als „psychische Grundsituationen" erfaßt. Sie werden systematisiert als Risikofaktoren, als Angst, Zwang, Neid, Frustration, Aggression. Sie werden aber auch gesehen als Sicherheit und Zufriedenheit, als Heiterkeit und Vertrauen, als Hoffnung auch, eine der stärksten Kräfte der Seele. Mit diesen so natürlichen Grundbedürfnissen, all unseren Freuden – und Leidenschaften, stehen wir an sich schon in konkreter Gemeinschaft: Angst und Haß, Neid oder Sorge, aber auch Hoffnung und Freude –, sie alle entzünden sich am anderen und zielen auf ein anderes, sie transzendieren unseren banalen Alltag auf einen höheren Lebenssinn.

In seinem Traktat „Vom mäßigen Leben", mit dem Untertitel, der „Kunst ein hohes Alter zu erreichen", hat Luigi Cornaro (1558) besonders genau die Konstitution der älteren Menschen studiert: wie hier in den „Leibern der alten Leute" die üblen Säfte in Bewegung geraten, wenn sie ohne die rechte „Lebensordnung" leben, wie man gerade achthaben sollte auf die Erfahrungen des reifen Alters. Und er kommt zu dem Schluß: „Dieses sind die wahren und bedeutenden Freuden, dieses die Erheiterungen meines hohen Alters." Ein solches Alter sei zweifellos den Jugendjahren vorzuziehen, „weil es durch die Gnade Gottes, kraft meiner Mäßigkeit, von den Sorgen des Gemütes und Krankheiten des Leibes genesen". Immer wieder rühmt Cornaro sie, „die Freuden meines Alters". Er bekennt, daß sein derzeitiges Leben „ein lebendiges ist und nicht ein totes". Nimmermehr würde er sein Leben und sein Alter vertauschen gegen die Jugend!

Was Herz und Verstand zugemutet werden kann, gilt für die ganze Sinnesausstattung. Cornaro bekennt daher, daß er erst im Greisenalter erfahren habe, „von welcher Schönheit diese Welt ist", und er ruft begeistert aus: „O wahrhaft glückseliges Leben! Außer all den Gnadengaben, die du dem alten Manne gewährst, erhältst du auch seinen Magen in so vollkommenem Stande, daß er an einem Stücke trockenen Brotes weit mehr Geschmack findet, als einst in seiner Jugend an den ausgesuchtesten Leckerbissen."

Ist etwa nicht das „Lesen am Abend" eine ganz besonders erfrischende Form von Diätetik der Seele, ein geistiger Leckerbissen? Ich denke dabei nicht einmal an die traulichen Dämmerstündchen, wo uns unter der Lampe wohler ums Herz wird; ich denke vor allem an jene Phase des Lebens, die man so leichthin „Lebensabend" nennt. Wie aber liest man in der Muße seines Ruhestandes, und was liest man?

Aus großen Statistiken geht zunächst einmal eindeutig hervor, daß niemand im Alter überhaupt nicht liest, es sei denn, er hätte nie das Lesen gelernt oder sein Augenlicht verloren. Was aber liest man am meisten? Nun, selbstverständlich die Todesanzeigen im Gemeindeblättchen, dann auch die Sonderangebote der Supermärkte, dann natürlich auch den Roman im Tageblatt. Aber das alles ist noch nicht lesen!

Mit dem Kapitel „Lesen im Alter" haben wir einen unerschöpflichen Abschnitt angeschnitten. Wir sollten uns erinnern lassen an einen Spruch des alten Johann Heinrich Herder, der lautet: „Was nützte es, im Traumbuch der Vergangenheit zu blättern, wenn man aus ihm mit verglichener Gegenwart der Dinge nicht Schlüsse auf die Zukunft zöge"! Im Alter werden wir uns bewußt, daß es der Tod ist, der letztlich dem Leben das Ultimatum setzt, eine Herausforderung jedenfalls, die nicht ohne Antwort bleiben kann.

Immer wieder wird uns bei der Erprobung all dieser Lebensregeln aber auch die Frage gestellt, wie man wohl 100 Jahre alt werden könne. Es ist dabei mehr als aufschlußreich, daß wir einer Statistik über die Lebensweise von etwa 1000 Hundertjährigen folgende Merkmale entnehmen können: 1. Alle Hundertjährigen waren mäßige Esser; sie beschränkten sich mit 1800 bis 1900 Kalorien. 2. Alle führten ein einfaches, aber arbeitsreiches Leben, waren aktiv und wurden mit ihrem Streß ganz gut fertig. 3. Die Ernährung war keineswegs spezifiziert; man aß, mit Maßen, was auf den Tisch kam; geraucht wurde wenig, getrunken regelmäßig. 4. Das Geschlechtsleben regulierte sich bis ins hohe Alter hinein ganz normal; Männer blieben bis zu 80 Jahren potent. Summa summarum: Neben der Erbanlage stellte sich die einfache Lebensführung als der wichtigste Alternsfaktor heraus.

So einfach zu leben bis ins hohe Alter, das ist schon eine Kunst, eine Lebenskunst, die Dichter und Denker zu allen Zeiten herausgefordert hat und fordern wird. Und so lange – lesen wir in Nietzsches Nachlaß – „... und so lange die Philosophen nicht den Mut gewinnen, eine ganz veränderte Lebensordnung zu suchen und durch ihr Beispiel aufzuzeigen, ist es nichts mit ihnen". Ist es nichts mit der so großen, so göttlichen Philosophie! Und noch einmal: „Es ist gar nicht erlaubt, so für sich hinzuleben und die andern leben zu lassen"! Daraus der Schluß: „Das eigentümlichste Produkt eines Philosophen ist sein Leben, es ist sein Kunstwerk, und als solches eben sowohl dem, welcher es schuf, wie den andern Menschen zugekehrt."

Vierter Teil

DAS HEILSAME ALTER

Vorbemerkung

Dem gesunden Altern folgte das Altern als Verfallen, der Lebensführung im Alter schließt sich an das heilsame Alter. Und damit stoßen wir nun im vierten und letzten Abschnitt unserer abenteuerlichen Wanderung auf den schwierigsten Teil: auf das Älter-Werden als solches und wie man selber wohl jemals mit dem Altern zu Rande kommt, wie man das letztlich wohl schafft: sich auch einmal gehen zu lassen, um sich zu sammeln, statt immer nur sich treiben zu lassen im Leer-Lauf der Zeit. Wie dann aber mit der Zeit aus „Romeo und Julia" nach und nach „Philemon und Baucis" werden, dafür gibt es freilich noch kein Patentrezept.

Was im fortschreitenden Lebensprozeß so auffällig stattfindet, das ist eine ständige Umverteilung des Gesamtkapitals „Zeit": Der Vergangenheitsgehalt wächst, während der Zukunftsgehalt schwindet. Der Spielraum des Lebens nimmt ab an Reichtum und Fülle, während der Druck des Vergangenen, Nicht-mehr-Wiederholbaren, immer stärker belastet. Diese Richtung im Lebensprozeß, sie scheint ein Grundphänomen des Alterns zu sein, das nur der Mensch kennt –: Es ist das Wesen des Alterns. „Altwerden ist ein herrliches Ding, (schreibt Martin Buber), wenn man nicht verlernt hat, was anfangen heißt."

1. Altern lernen

In der Rhein-Hymne von Friedrich Hölderlin lesen wir den schönen, in seiner Tiefe kaum auszulotenden Vers: „Denn viel vermag die Geburt / und der Lichtstrahl, / der dem Neugebornen begegnet". Die „Geburt" bestimmt weitgehend unser Leben und unser Altern, die genetische Matrix also, unser Erbgut, das wir einmalig erhalten haben und jeweils weitergeben. Gleichzeitig schon trifft uns nun aber auch „der

Lichtstrahl", der uns begegnet von Kindheit an, der uns begleitet bis ins hohe Alter. „Wo aber" – fährt Hölderlin fort – „ist einer, um frei zu bleiben sein Leben lang?" Wo finden wir die Freiheit bei aller Begrenzung, in aller Bestimmung? Wie läßt sich das packen und halten und weitergeben, ein bewußter Umgang mit Altwerden?

Es gibt freilich Menschen, die einfach nur so dahinaltern, weil sie sich eben der fließenden Zeit nicht zu entziehen vermögen, aber sie kommen dann mit der Zeit auch nicht so richtig voran, fallen vielmehr ganz und gar unter die Zeit, ver-fallen und ver-gehen mit der Zeit, wobei man sich wirklich manchmal fragen sollte, ob wir alle denn nicht Zeit genug gehabt haben und noch haben, um alt zu werden! Denn die alte Weisheit „Jeder Tag ist ein Tag weniger", läßt sich natürlich auch ummünzen in „Jeder Tag ist ein Tag mehr".

Und damit sind wir über das „Älter werden" auf jenes besonders delikate Kapitel gestoßen, das ich überschreiben möchte mit „Altern lernen" und natürlich auch „Altern lehren", was sowohl heißen soll „Lernen für das Alter" als auch „Lernen im Alter". Was ist damit gemeint?

Karl Jaspers, Philosoph und Arzt, hat vor mehr als 50 Jahren „Die geistige Situation der Zeit" kritisch beleuchtet, die allgemeine Situation und besonders kritisch die von Arzt und Patient. „Ärztliche Behandlung", so lesen wir dort, wird heute „weit über das medizinisch-wissenschaftlich Sinnvolle beansprucht". Und kurz davor die erschreckende Bemerkung: „Wer älter ist als 40 Jahre, sieht sich ausgestoßen"! Gerade unter dem Ausstoßungsdruck einer Frühpension als Freimachen von Arbeitsplätzen für die Jüngeren verliert der „Status vom Erwachsenen" zusehends an Boden.

Gerade hier aber, um die 40 herum, müßte man wirklich angefangen haben, umzudenken. Wirkliche Bildung, meinte Jaspers, erwirbt man eben nicht nur in der Jugend. „Jugend bekommt ein unwahres Gesicht und muß versagen, weil der Mensch nur werden kann, wenn er in der Kontinuität von

Jahrzehnten wächst und in Strenge durch eine Folge von Schritten gebildet wird" (1931). Bildung ereignet sich erst dort, wo sie zweite Natur geworden ist, wo sie eins wurde mit unserer Wirklichkeit. Daher sei „die Forderung der Erwachsenenbildung ein Zeichen der Zeit"!

Dieses „Zeichen der Zeit" dürfen wir keineswegs übergehen, wenngleich wir es hier kaum erschöpfen können – dieses Problem des Lernens im Alter. Daß ältere Menschen nicht schlechter lernen, ist eine Erfahrung gerade der neueren Alternsforschung; sie lernen nur anders (Lehr, 1977). Noch wesentlicher als in früheren Jahren wird im Alter mit dem Erlernen auch die Funktion des Vergessens; wir haben uns nicht nur etwas anzueignen, wir haben ständig auch abzustoßen, „Ballast abzuwerfen", wie man so schön, so wohltuend, sagt.

Es ist durchaus biologisch zu verstehen, daß der ältere Mensch am Morgen Anlaufschwierigkeiten hat, daß er mehr Zeit benötigt, um in den Alltag mit seinen Anforderungen einzurücken. Dann aber kommt er und ist da, ganz wach, und steht zur Verfügung, wie er auch über andere verfügt. Auch hier ist alles wieder eine Frage des Rhythmus, eine Frage des Reifens.

Ein Ende der Reifung ist jedenfalls nicht abzusehen. Wer schon unter uns möchte sagen, daß er nun ganz „erwachsen" sei? Wo wäre da ein Kriterium? Etwa das berühmte „Reife-Zeugnis"? Oder das ominöse 40. Jahr, in dem die Schwaben weise werden? Reift man etwa mit 50 nicht mehr? „Entwicklung" wird daher von der modernen Psychologie als ein umgreifender Prozeß des ganzen Lebens angesehen, ein Lebensprozeß, der auch vor dem Alter nicht Halt macht. Es kommt zwar gerade im Alter zu einer ständigen Umorientierung, ohne daß damit aber die Entwicklung aufhört.

Nicht mehr Kindheit und Jugendalter bilden jetzt die Hauptbühne des Entwicklungsgeschehens, sondern das Alter. Das ist doppelt verständlich zu einem Zeitpunkt, wo das Alter nicht mehr die Ausnahme, sondern die Regel darstellt. Das wird noch bedeutsamer zu einem Zeitpunkt, wo die Lebensräume eines Menschen sich nicht mehr in Ausbildung, Familie und Arbeit erschöpfen, wo Altern vielmehr ein volles Drittel der Gesamtlebenszeit ausmacht.

Wie aber steht es mit der Intelligenz im Alter? Unter Intelligenz versteht man allgemein die Fähigkeit zum Lösen gedanklicher Probleme. Hierbei handelt es sich sicherlich nicht nur um logische Fähigkeiten bloßer Informationsverarbeitung, sondern auch um die Fähigkeit, sich Kulturwissen organisch anzueignen oder auszubreiten. Hierbei zeigen Personen im höheren Lebensalter eine erstaunliche Plastizität; sie verfügen über Reserven, die einfach nur noch aktiviert sein wollen. Auch unter dem Aspekt der Intelligenz ist Altern alles andere als ein homogener Abbauprozeß; wir erleben die Intelligenz im Alter vielmehr als ein höchst komplexes Zusammenspiel dynamischer Faktoren, das auf eine durchaus eigenständige Bildungsfähigkeit hinweist. Hier läßt sich Interesse wecken, lassen sich Früchte seltenster Art noch ernten!

Was aber wären solche Früchte des Alters? Was wir alle mit dem Älterwerden beruhigend spüren, ist zunächst einmal die Sicherheit in der Suchkunst, der Heuristik. Wir merken eher, wo eine Frage anhebt, spüren deutlicher, wo etwas los ist, was da passiert, wie und wo der Hund begraben liegt. Das berühmte Problem-Bewußtsein, es hebt sich, wird wach; ein wachsendes, sich heuristisch ausspannendes Assoziationsgefüge, es steht uns wie selbstverständlich zur Verfügung.

Auch der zweite kreative Schritt aller Reifungsprozesse, die Kritik, läßt sich nach wie vor gehen und bestehen: die Weiterentwicklung der Probleme, das Auswählen und Aussondern im Informationsfluß, die Differenzierung und Integrierung der Daten und Fakten, der schließliche Lösungsversuch. Hier kommen uns nun die Erfahrungen dialektischer Diskussion wirklich zugute: das Aufwerfen und Aushalten der Einwände, das Einwerfen und Vertiefen der Argumente, alle Zugeständnisse auch und letztlich der Kompromiß.

Was nun den letzten, den wahrhaft schöpferischen Schritt angeht, die Interpretation, so sind gerade hier die Früchte des „lebenslang Lernens" mit Händen zu greifen. Wir wissen gut genug, daß es letzten Endes nicht auf die Tatsachen ankommt, sondern auf die Deutung. Hier geht es weniger um das Erklären als um ein Verstehen, um ein Einvernehmen.

Daß es bei diesem verstehenden Einvernehmen nicht um banale Hobbies gehen kann, sondern um immer neue, uns überraschende „Zonen von Erfüllung", ist beinahe selbstverständlich. Gerade hier gilt eine alte Erfahrung, die man nicht oft genug wiederholen kann: „Die Aufgabe, mit dem Alter zu Rande zu kommen, übersteigt alles, was man in jungen Jahren an Aufgaben gestellt bekommt."

Was hat man nicht alles empfohlen für dieses sonnige „Abenteuer des Alterns": Ausprobieren neuer Strickmuster oder Züchten immer schönerer Irissorten, das Sammeln von Freimarken oder Vergraben in mittelalterliche Mystik. Wirkliche Kultur dagegen, das wäre der Stil in allen Lebenslagen, in allen, und wie sehr erst in den Phasen des Alters! Und gerade daraus macht man nun einen Zustand des Betreutwerdens, fürsorglich betreut oder karitativ traktiert oder sozial verwaltet – passiviert auf der ganzen Linie, statt aktiv zu bleiben und schöpferisch zu wirken, sich selber zu bilden! Wir stehen heute erstmals vor dem Phänomen der „sozialen Gestaltbarkeit der Lebensphasen" (Rosenmayr, 1983) und damit auch vor der Differenzierung eines dritten und vierten Lebensalters mit allen nur möglichen Übergängen einer Rehabilitation. „Auch das Alter ist Leben", lesen wir bei Guardini (1959). Mit dem Tod erst voll-endet sich das Leben: „Voll-enden heißt wohl, zu Ende bringen, aber so, daß darin sich das erfüllt, worum es geht. So ist der Tod nicht das Nullwerden, sondern der Endwert des Lebens."

2. Altern als soziales Schicksal

Wenn Altern heute primär als „soziales Schicksal" gedeutet wird und erst sekundär als funktionelle oder organische Veränderung vor uns auftaucht, dann ist Gerontologie nicht allein Sache der Mediziner, sondern auch der Psychologen und Soziologen. Die auf uns zukommenden sozialen Dienstleistungen sind sicherlich ein bevorzugter, und bisher vernachlässigter Gegenstand der Sozialpolitik wie der Alterswissenschaften. Hier wäre viel mehr und immer besser zu organisieren und zu planen und zu forschen.

Es ist sicherlich kein Zufall, daß die feinsten Beobachtungen zum Altersprozeß nicht von den Ärzten gemacht worden sind, sondern von Dichtern und Denkern. Denken wir an den „Zauberberg" oder den alten Jakob in „Joseph und seine Brüder" oder auch an die späten Hymnen Hölderlins! Es ist daher nur zu konsequent, daß die Deutsche Gesellschaft für Gerontologie, die 1967 aus der Gesellschaft für Altersforschung hervorging, auch eine Sektion „Psychologie" und eine Sektion „Soziologie" aufgenommen hat. Wie aber läßt sich wohl der Aufbau von sozialen Lebensformen in die Wege leiten, in denen ein menschlicher Verkehr unter mindestens drei bis vier Generationen möglich wäre? Wie bringt man die von Jahr zu Jahr anwachsende soziale Reservearmee der Alten zu einem vernünftigen Einsatz? Alte Menschen sind keineswegs von der Lebensaufgabe entbunden, in der nun einmal einer des anderen Last zu tragen hat, jeder jedem dienen sollte nach Kräften, in einem „echt pädagogischen Verhältnis", wie Goethe diese „Wechselneigung" des früheren und späteren Alters genannt hat, diese ständige Bilanzierung.

Ein-geschlossen in den Raum, ent-schließen wir uns in der Zeit und für die Zukunft. Man kann nicht etwas ab-schließen, was noch im Gange ist. Bis zuletzt bleiben die Erwartungen, die Irrtümer, die Prüfungen, die Hoffnungen auch bis zuletzt, bei lebenslanger Ernüchterung, die nach und nach weicht einer Nüchternheit, einer Bescheidung, die Bescheid weiß und nur so auch Bescheid zu geben in der Lage sein mag.

Es ist sicherlich auffallend, daß es gerade die Kernbereiche der älteren Diätetik und Hygiene sind, die auch in den Horizont der modernen Gerontologie geradezu drängen. Hierbei muß allerdings immer wieder auch betont werden, daß wir es hier nicht mit fertigen Kategorien zu tun haben, sondern mit heuristischen Denkmustern und Handlungsmodellen, die in jedem Punkte aus dem historischen Raum übersetzt sein wollen in eine Gegenwart, deren Gesundheitswesen heute so auffällig in Bewegung gekommen ist mit einer Medizin im Wandel, die sich in unseren Tagen so dramatisch ankündigt als Panoramawechsel der Krankheiten, in der Ausweitung eines rein biologisch verstandenen Krankheitsbegriffs auf psychosoziale Felder und ethisch-juristische Implikationen, in der Erweiterung der Gesundheitsberufe wie auch in einem sich wandelnden Gesundheitsbewußtsein der Bürger, in dem Umbruch schließlich von einer perfektionierten Heiltechnik auf die Grundmuster einer humanen Lebensstilisierung mit all ihren Möglichkeiten und sicherlich auch Grenzen.

Hier in der Tat wäre ein kultivierter Lebensstil zu suchen, der nichts anderes wäre als eine profilierte Antworthaltung, die immer wieder von neuem fruchtbar wird.

3. Mögliche Dienste der Alten

Gerade hierbei aber sollten wir auch die andere Seite nachdrücklich betonen. Nicht nur den Dienst *am* Alter, sondern auch die Dienste *der* Alten. Zwar gibt es Altenklubs mit Selbsthilfe in kleinen Gruppen, auch Sozialhilfe für andere. Mit dem auf uns zukommenden Drittel der Gesamtbevölkerung hätte die Gesellschaft in der Tat eine riesige soziale Reserve-Armee zu Diensten, an deren aktiven Einsatz man kaum gedacht hat. Zu denken wäre nicht zuletzt auch an eine neuartige Konstruktion von Großfamilien, die dem alternden Menschen ihren natürlichen Ort bis zuletzt böten, ob man dies nun in Kommunen aufzieht oder als moderne Form von Wahlverwandtschaften.

Altern war immer auch Teil der Lehre, und des Lernens, von Jugend auf. Die eminente Bedeutung dieser das Individuum lebenslang und bis ins hohe Alter durchformenden und auch wieder übergreifenden, in die sozialen Großräume einwirkenden Diätetik und Hygiene wird mehr und mehr in das Gesichtsfeld der Ärzte und nach und nach auch der Politiker gerückt. Dienstleistungen dieser Dimension wären ein bevorzugter, wenngleich vernachlässigter Gegenstand einer Alterswissenschaft, die zu integrieren wäre in eine Gesundheitssicherung, Krankenversorgung und Sozialpolitik.

Aber das alles ist sicherlich längst nicht alles! „Alter schafft man nicht durch Institutionen ab" – schreibt Nietzsche im Nachlaß – „die Krankheit auch nicht. Das Laster auch nicht." Erforderlich wären eine neue Wohnordnung und eine neue Lebensweise, die drei oder vier Generationen gleichzeitig miteinander verbinden würde; zu lernen hätte man das Alleinsein, selbstverständlich auch das Zu-zweit-Sein, und das Zu-zweit-Bleiben! Zu lernen hätte man das Zusammenleben von jungen, alten und mittleren Menschen, was immer schwieriger zu werden scheint.

Am 3. Mai 1928 konnte Freud an Jones schreiben – und diese Worte sind in ihrer abgrundtiefen Skepsis auch heute noch bedenklich –: „Jung und Alt scheinen mir jetzt die größten Gegensätze, deren das menschliche Seelenleben fähig ist, und ein Verstehen zwischen den Repräsentanten beider ausgeschlossen."

Vergessen ist, was Paracelsus in seinem „Liber de felici liberalitate" schreibt: „Also der Junge soll den Alten vortreten lassen, er für ihn betteln gehn und ihn ernähren, ehe er den Alten läßt betteln gehn, für ihn arbeiten und dergleichen, für ihn Wasser trinken und ihn lassen Wein trinken. Das alles tun die im seligen Leben" – was bei Paracelsus heißt: In einem sozial geordneten diesseitigen – und daher seligen – Leben!

Den „wachsenden Partnern" gegenüber müßte man die Frage stellen, wie man „Partner bleiben" kann! Solidarität ist sicherlich eine Einheit, von der man keine Phase herausbrechen kann. Wie wir inzwischen gelernt haben, unsere Kinder ernst zu nehmen, so sollte man auch das Altern als Sein-für-sich und Wert-an-sich respektieren. Alte Leute wollen nicht nur karitativ betreut und fürsorglich betüttelt sein; sie wollen ihren Mann stehen und ihre Frau zeigen!

Man sollte daher lieber die Asylierung, alle Heimideologie, jede Sonderstellung überhaupt aufgeben und dafür die Erfahrung eines altgewordenen Menschen zu gewinnen suchen, der bei aller biologischen Schrumpfung letztlich doch ausgezeichnet ist durch eine gleichzeitige Horizonterweiterung. Freilich werden auch alle Versuche und Entwürfe einer „offenen Altershilfe" in absehbarer Zeit daran scheitern, daß uns die dazu erforderliche Armee von 40 000 ausgebildeten sozialen Hilfsdiensten einfach fehlt. Bis dahin begnügt man sich unter der schäbigen Devise „Etwas für die Alten tun" mit einem Minimalprogramm. Und so bleiben als Resultate unserer Sozialprogramme meist nur jene freudlosen Ghettos, wie man die eingefriedeten Seniorenheime bezeichnet hat, die manchmal sehr elegant sind, oft genug aber auch schauerlich und grotesk! Hier kann man nur noch von einem „Vorhof des Todes" sprechen und nicht mehr von einer „besonnten Vergangenheit" im Abenteuer des Alterns! Hier erscheinen uns völlig neue Prinzipien therapeutischer Maßnahmen als die Forderung der Zeit!

4. Therapeutische Prinzipien im Alter

Wir haben immer wieder vom physiologischen Alternsprozeß gesprochen, mußten dann aber auch all die oft so monströsen pathologischen Verfallsformen im Alter hinnehmen. Wenn aber Alter auch als eine Krankheit in Erscheinung tritt, dann sollte man annehmen, daß die moderne Medizin auch und gerade für dieses Krankgewordensein hochwirksame therapeutische Maßnahmen zur Verfügung hat.

In der Tat gibt es heute eine eigenständige wohletablierte Geriatrie mit einem erstaunlichen Spektrum an Heilangeboten. Die moderne Geriatrie weiß ungemein viel über altersbedingte Veränderungen im Organismus, aber wir wissen keineswegs schon, welche physiologischen und biochemischen Mechanismen verantwortlich sind für das Altern von Zellen und Geweben, von Organen und Organgruppen. Dieses Wissen aber wäre die Voraussetzung für eine rationale Pharmakotherapie beim alten Menschen.

Was die heute auf dem Markt angebotenen Geriatrika anbelangt, so beschränken sie sich in der Regel auf unspezifische Wirkstoffe, auf Vitamine und Hormone, auf Spurenelemente und Verdauungsenzyme, von Knoblauchöl und Ginseng gar nicht zu reden. Alle diese Arzneimittel vermögen altersbedingte Ausfallserscheinungen zu mildern; was wir von ihnen nicht erwarten dürfen, ist eine Verhinderung des Alterns und eine wesentliche Verlängerung der Lebensspanne.

Geroprophylaxe wäre hier weitaus wichtiger als alle Geriatrika. Nicht nur die Multimorbidität wird den Alten zur Last, sondern auch eine ungezielte, nebenwirkungsreiche Polypragmasie. Auch hierzu einige Daten und Fakten: Etwa 20% der Bevölkerung ist über 65 Jahre alt, aber diesem Anteil werden mehr als 50% aller Arzneimittel zur Verfügung gestellt. Der alte Mensch schluckt in der Regel vier bis sechs verschiedene Pillen täglich. Meistens sind dies Mittel gegen Verkalkung, Rheuma, Zucker, Herzbeschwerden. Hinzu kommen zahlreiche Präparate ohne Rezept, wie Schmerzmittel, Vitamine, Abführmittel, von den Mitteln zum langen Leben und frohen Altern gar nicht zu reden.

In meinem Alter hat man – nach statistisch erhobenen Mittelwerten – fünf bis sechs Krankheiten im Durchschnitt gleichzeitig zu verkraften: Migräne, Hypotonie, Tachykardien, die Prostata und den Hexenschuß und was man alles so hat, was einem fehlt! Suche ich deswegen einen Arzt auf? Ich denke nicht daran! Schlucke ich halbe Apotheken? Im Gegenteil! Belaste oder belästige ich die Versicherung? Bisher jedenfalls damit noch nicht! Hätte ich übrigens geahnt, daß ich einmal so alt würde, so hätte ich sicherlich schon viel früher und besser auf meine Gesundheit geachtet.

Die moderne ärztliche Praxis ist noch weit davon entfernt, den Einsatz von Arzneimitteln sinnvoll zu steuern. Was immer mehr beachtet werden sollte, ist die maßvolle Medikation, zumal ältere Menschen empfindlicher reagieren und ausgeprägtere Nebenwirkungen zeigen. Hinzu kommt natürlich, daß man im Alter einfach mehr verschrieben bekommt und verknuspern muß, weil man dem Glauben huldigt, Arzneimittel seien allein auch Heilmittel. Die Arzneimittel werden altersbedingt verschieden aufgenommen und ausgeschieden; sie unterliegen im Organismus mannigfaltigen innersekretorischen Verschiebungen. Alles das wirkt sich bei Schlafmitteln wie etwa auch Stoffwechselarzneien besonders aus.

Gleichwohl hat die Medizin zu diesem Grundphänomen unseres Lebens – trotz Gerontologie und Geriatrie – keine systematische Methodik und keine effektive Behandlung finden können. Was dem Arzt für die Alten zu tun bleibt, ist ein bißchen Prophylaxe, die sich zudem noch im Negativen erschöpft: das Aufstellen immer länger werdender Verbotslisten: kein Salz, kein Fett, kein Kraut, nichts heben, nicht bücken, kein Tee, wenig Kaffee, kein Beischlaf – und immer wieder dieses leidige „Vorsicht bei..." und „Vorsicht mit..." und „Achtung vor..."! Von einem positiven Umgang aber mit Alternden oder gar Sterbenden hat ein Arzt während seiner gesamten Ausbildung nie etwas gehört.

Eine Gesundheitsstudie des Heidelberger Instituts für Herzinfarktforschung, in der 400 Frauen und Männer im Alter von 65 bis 74 Jahren untersucht wurden, ergab daß 84% mindestens ein Medikament regelmäßig einnehmen, 23% aber fünf verschiedene Präparate. Viele lebten in einem Ein-Personen-Haushalt, was eine vielseitige Ernährung erschwert. Bei der Hälfte der Untersuchten lagen Fettstoffwechselschäden vor. Fast alle nahmen zu wenig Flüssigkeit auf, was wiederum die Bildung von Nierensteinen befördert, oft auch Verwirrtheitszustände hervorruft.

Im Alter schwächen sich alle Schutzmechanismen gegen äußere Einflüsse ab. Daher sollten auch alle therapeutischen Maßnahmen – ob physikalische oder medikamentöse Therapie – vorsichtiger dosiert werden. Wobei es auch hier wieder in erster Linie die „naturgemäßen Heilmethoden" sind, welche die körperliche Leistungsfähigkeit verbessern und eine Zunahme an Lebensqualität garantieren (Jungmann, 1985). Dies gilt vor allem für das berühmte „Altersherz"!

Auch und gerade das alternde Herz ist keineswegs krank. Es ist lediglich eingeengt in seiner Leistungsbreite; es ist vermindert in seiner Anpassungsfähigkeit; es ist störanfälliger bei Belastungen. Das Altersherz braucht daher weniger Medikamente als Diätetik, und diese in der ganzen Breite hygienischer Lebensführung. Hier liegt denn auch eine der großen Chancen einer wirklich wissenschaftlichen, und bisher noch kaum in Erscheinung getretenen Gerontologie und Geragogik und Geriatrie.

Im Alter nehmen natürlich organische wie psychische Beschwerden zu. Das Angebot, altersbedingte Symptome medikamentös zu behandeln, ist enorm. Strenge Indikation durch den Arzt und eine gezielte Medikamentenverordnung sind daher besonders geboten. Wichtiger als Dauertherapie ist die Diätetik, wirksamer als Medikation die Prävention, die Prophylaxe.

Zu den prophylaktischen Maßnahmen einer solchen Prävention würde ich zunächst einmal die uralte und immer noch aktuelle Aufgabe rechnen: auf das Alter vorbereiten, als Propädeutikum für den Ruhestand, als eine Art Vorschule, mit der man nicht früh genug anfangen kann. Altern erfordert nämlich nicht nur eine Fortsetzung des sozialen und sachlichen Lernens, sondern eher noch eine Steigerung, eine Kultur, die zur zweiten Natur geworden sein sollte. Bildung, so Heraklit, erscheint den Gebildeten wie eine zweite Sonne.

Unmittelbar mit der Primären Prävention verbunden erleben wir die Sekundäre Prävention, und damit alle jene Maßnahmen, die vor Schädigungen bewahren und die Risikofaktoren vermeiden lassen, die aber auch bereits eingetretene Risiken zu mildern oder – besser noch – zu beseitigen in der Lage sein sollten. Und hier treffen wir auf einen besonders wunden Punkt. Es gehört nämlich zum Dilemma der Medizin, daß sich der therapeutische Fortschritt immer mehr auf Altersleiden oder auf Dauertherapie zu beschränken hat, auf die Symptomatik chronischer Erkrankungen eben, was nicht besonders für eine Effektivität der Heiltechnik spricht.

Im integrativen Verbundsystem von Prophylaxe-Therapie-Rehabilitation spielt schließlich die Tertiäre Prävention ihre dominierende Rolle naturgemäß im Alter. Hier geht es in erster Linie um den Auftrag: „mit der Krankheit leben", ein Problem, das sich die modernen Coping-Strategien zum Thema gemacht haben, uralte therapeutische Maßnahmen im Grunde genommen, die uns erst in neuester Zeit – mit dem Verlust diätetischen Wissens und hygienischer Haltung – abhanden gekommen sind.

Zu den Aufgaben der Gerontologie gehört daher nicht zuletzt auch die Erforschung der Risikofaktoren und damit die Ausschaltung der im persönlichen wie öffentlichen Leben immer gefährlicher werdenden Risiken, als da sind: Fehlernährung, Bewegungsarmut, Rauchen, Trinken und sonstige Süchte, Streß und all die seelischen Verklemmungen und geistigen Verkümmerungen. Die bisherige Krankheitslehre hatte uns mehr eine Wissenschaft der Momentaufnahmen, der ganz akuten und sicherlich gefährlichen Zustände, geboten.

Jetzt sind es mit einem Male die chronischen Leiden, die Verschleißkrankheiten, der Diabetes, das Rheuma, die Folgezustände nach erfolgreichem Eingreifen, die erforscht sein wollen. Damit ist aber ein ganz neuer, im Grunde uralter Faktor wieder in das Gesichtsfeld der Ärzte gerückt: die Zeit nämlich und somit auch das Durchstehen oft schmerzhafter Zeiträume.

Und so braucht es uns nicht zu verwundern, daß auch heute noch etwa 75 Prozent aller krankhaften Episoden am ehesten und am besten im Rahmen der Familie bewältigt werden. Behandelt werden hier vornehmlich: Erkrankungen der Atemorgane, rheumatische Beschwerden, Verdauungsstörungen, nervöse Leiden. Darüber hinaus werden hier in der Familie die vermutlich allein wirksamen Vorsorgemaßnahmen entfaltet in bezug auf Ernährung und Bewegung, das Schlafritual, den Abbau von Emotionen und den Aufbau einer kultivierten Atmosphäre, in der es sich auf eine wirklich menschliche Weise altern läßt.

Der Begriff „altert sich" bedeutet in den spätmittelalterlichen Gesundheitsbüchern, den „Regimina", so viel wie: „erneuert sich" oder „erfrischt sich" (so im Traktat „Dies biechlin saget", Freiburg 1523). „Sich altern" sollte in der Tat viel mehr und viel selbstverständlicher aufgefaßt werden als ein „Sich erfrischen" und ein „Sich erneuern", als eine lebenslange beständige Rehabilitation und mehr noch: Resozialisation.

5. Rehabilitation als Resozialisation

Der Begriff einer umfassenden Rehabilitation findet sich erstmals in dem „System der gesamten Armenpflege" (1843/46) des badischen Staatsrechtlers Franz Joseph Buß. Rehabilitation als eine Grundform elementarer Hilfe kann nicht weit genug gedacht werden: „Gewerbliche, gesundheitliche, rechtlich staatliche, unterrichtliche, sittlich religiöse Hilfe und Maßnahmen sind aufzubieten, um alle Seiten des Übels zu bekämpfen". Ziel ist eine allgemeine Resozialisierung, die hier wie folgt umschrieben wird: Der Arme, der Kranke, der Elende, „er soll sich zu der Stellung wieder erheben, von welcher er herabgestiegen war. Er soll das Gefühl seiner persönlichen Würde wiedergewinnen und mit ihm neues Leben" (1846). Mit der Würde neues Leben –, und noch einmal: „Er nimmt seinen Rang in der Gesellschaft wieder ein, knüpft wieder seine Verbindungen an; er verdoppelt seine Bemühungen und freut sich dieser glücklichen Genesung".

Rehabilitation in diesem weitesten Sinne, das wären alle Maßnahmen in medizinischer, pädagogischer und sozialer Hinsicht zu Entwicklung und Wiederherstellung des geschädigten Menschen, aktiv am Leben teilnehmen zu können. Prophylaxe und Nachsorge, Therapie und Resozialisierung bilden bei solchen Rehabilitationsmaßnahmen eine Einheit, oder sie bleiben eine halbe Sache. Rehabilitiert in diesem Sinne aber sollen nicht nur die Armen und die Kranken werden, sondern auch die alten Menschen.

Von einer Rehabilitation der Alten war freilich in der ganzen Aufklärung kaum die Rede. In Zedlers Universal-Lexicon (1742), wo dem Begriff „restitutio" allein 50 Spalten gewidmet sind, findet eine „restitutio senis" nicht mehr statt, weil man die „gegründete Vermutung" hegt, daß ein Mensch in hohem Alter bereits aus sich heraus „sowohl zu einer etwas reiferen Überlegung als auch genugsamer Erfahrung" gekommen ist. Die Alten, sie sind wirklich autark geworden und scheinen nicht mehr rehabilitationsbedürftig. Nun aber, mit dem 19. Jahrhundert, wird ihnen eine eigene „Lebensordnung" vorgeschrieben, ein „Regimen senum", werden eigene „Pflegeanstalten für Preßhafte" errichtet, über die wir bei Buß lesen: „Ein Gefühl von Ehrfurcht vereinigt sich mit den Eindrücken der Traurigkeit, wenn man auf diese Asyle blickt, wo zu dem dürftigen Greisenalter die Armen gesellt werden, die für ihr ganzes Leben zu einem völligen Zustand von Gebrechlichkeit verurteilt sind. Diese weißen Haare, welche an ein zurückgelegtes nützliches Leben erinnern, diese Leiden, welche vielleicht die Folge der Arbeit sind, diese feierliche Ruhe in der Erwartung der letzten Stunde, diese Absperrung, diese Verbannung, eine Art Abschied von der menschlichen Gesellschaft bei einem Teil derjenigen, welche ihre Schicksale geteilt haben: Alles vereinigt sich, um dem Mitleid einen ernsten Charakter zu geben ... Man sehe, welche edle und gerechte Pracht jene Asyle erfüllt, in welchen die Könige die Invaliden aufnehmen, welche im Dienst des Staats in den Heeren ihre Kräfte eingebüßt haben. Haben nicht die Greise, die Unheilbaren, welche in die bürgerlichen Pflegehäuser aufgenommen werden, ähnliche Rechte? Sind sie nicht Invaliden der Künste des Friedens?"

So sieht er von außen und seiner Idee nach aus, dieser Invalidendom der Greise. Wie aber geht es da drinnen zu, in diesem „Asyl des Alters"? „Die meisten dieser Invaliden erscheinen gleichsam in einem lethargischen Schlaf gesunken, von der Langeweile, Traurigkeit, gedrückt, gierig nach den wenigen sie noch erregenden sinnlichen Genüssen greifend. Die einen leben dem Trunk, die anderen alten Gewohnheitslastern; die meisten gegenseitig im Zank. Selbstsucht und Apathie streiten um die Reste eines verfallenen Daseins ... auch betrübt der Anblick des hier antizipierten Todes mehr als der des hier angesammelten Elends. Man glaubt auf dem Giebelfeld dieser Anstalten Dante's Inschrift auf dem Höllentor zu lesen: Ihr, die ihr eintretet, lasset jede Hoffnung!"

Hier – so meint der Ritter von Buß – hat unser Dienst an den Alten zu beginnen: „In ihren frühen Jahren wurden diese

Invaliden durch die Not des Lebens von diesen höhern Richtungen abgezogen: es ist spät, um ihre Erziehung wieder zu beginnen; aber versuchen soll man es. Was ist feierlicher als der Abend des Lebens in der Fülle der Erinnerungen eines langen Lebens! In dem Hinblick auf die nächste ernste Zukunft, in der Stille und Feierzeit der Zurückgezogenheit! Nichts zerstreut diese Greise; jeder Trost ist für sie wertvoll. Geben wir ihnen auserwählte Bücher zu lesen; vermehren wir ihre religiösen Übungen; mögen die Priester dieser Häuser den Geist ihres Apostolats ganz durchdringen! Mögen sich diese Greise gegenseitig unterstützen! Endlich halte man sie zu der Arbeit an, zu welcher sie noch fähig sind: diese Arbeit wird sie zerstreuen, für ihre Gesundheit zuträglich sein, ihr Leben verlängern." Und zum Schluß: „Hier grüßt der Greis, der Welt den Abschied gebend, eine bessere Zukunft; hier verläuft für ihn das Noviziat der Ewigkeit."

Nun, das war Geist und Sprache des hohen Biedermeier und wäre sicherlich erst einmal zu übersetzen in die Denk- und Sprechweise der heutigen Zeit! Das wird nicht so einfach sein, zumal die wissenschaftliche Medizin sich in den letzten 150 Jahren immer energischer auf ein methodisch reduziertes Modelldenken konzentriert hat und die ärztliche Praxis sich immer üppiger differenzieren konnte in ein kaum noch zu überblickendes Spektrum an Einzeldisziplinen. Inzwischen hat sich natürlich auch die Gerontologie als ein eigenständiges Forschungsgebiet etablieren können, die unmittelbar verbunden ist mit einer neuen therapeutischen Disziplin, der Geriatrie.

„Was helfen aber" – fragte Romano Guardini in seinem Traktat über die „Lebensalter" (1967) – „alle Gerontologie der Medizin und alle Fürsorge der Sozialpflege, wenn nicht zugleich der alte Mensch selbst zum Bewußtsein seines Sinnes gelangt?" Und die resignierende Antwort: In einem solchen Falle würde er „nur biologisch erhalten" und sei sich selbst wie seiner Umgebung „eine Beschwerde".

Wie ist denn die Lage – heute – und – noch drastischer – morgen? Im Zeitraum von 1975 bis 1990 – unser aller Gegenwart also – nimmt die Gruppe der 75- bis 80jährigen um 17% zu, die der 80 bis 85jährigen um 51% und die Gruppe der über 90jährigen sogar um 43%.

Die Menschen werden immer älter. Man hat schon von einer „graying world" sprechen können. Zum Älterwerden eines Volkes kommt dann noch der Geburtenrückgang hinzu, und beide Elemente bewirken schließlich die so abenteuerliche Verschiebung der Altersstrukturierung, wie wir sie heute erleben und morgen noch dramatischer.

In den USA gibt es bereits empirische Analysen an 1000 Mehrgenerationenfamilien. In der Bundesrepublik konnten bisher schon 350 Fünf-Generationen-Familien nachgewiesen werden (Lehr, 1983). Der 50-jährige Stammvater hat dann gleichzeitig die Rolle des Großvaters und des Enkelkindes zu spielen. In einem solchen Haushalt hätten dann die Fünfzigjährigen ihre Eltern und Großeltern und zugleich die Kinder und Enkelkinder zu versorgen. Aus dem „Jahrhundert des Kindes" ist – so scheint es – ein „Jahrhundert der Greise" geworden. Jeder Dritte unserer Mitbürger ist über 60 Jahre alt. Gleichwohl beschränkt sich die Familienpolitik auf Familien mit Kleinkind, die Bildungspolitik auf die Ausbildung von Psychologen für ausschließlich Jugendliche und die Versorgungspolitik auf eine Invaliden- und Altersversorgung.

Die „Kindergärten" wird man bald schon mit „Altengärten" kombinieren, womit die Soziallandschaft der Zukunft dann endlich komplett wäre. Erst werden die Alten ausgebootet und ausgebürgert, und dann beginnt man mit Straßenfesten und Hobbybörsen für Senioren, mit Aktionen wie „Pluspunkte für die neuen Alten" und ähnlichen Spielereien, wie sie uns neuerdings bundeseinheitlich und bundesregierungsamtlich zugemutet werden!

Das muß doch die „Grauen Panther" auf die Barrikaden bringen, wenn sie von Staats wegen betüttelt und gegängelt und diskriminiert werden, wenn es immer wieder heißt, daß sie „auch noch" was tun oder gar tanzen dürfen, daß hier ein dritter Mann zum Skat gesucht wird und da eine Tante zum Wettstricken und dort eine „Leih-Oma" für die Märchenstunde. Und das alles nur, damit den armen Senioren das Gefühl bleibt, das sie „noch gebraucht" werden. Hier wird diskriminiert statt integriert!

Was hier notwendig würde, wären ganz neue Dienste an den Alten wie auch neue Dienste der Alten. Auch wer im Ruhestand lebt, bleibt einem andauernden Bildungsprozeß unterworfen. Der alte Mensch ist und bleibt ein Glied der Gesellschaft, mehr noch: er ist oder sollte sein eine Stütze der Gesellschaft. Dies zu verwirklichen, bedarf es neuartiger sozialer Organisationen und eines umfassenden Bildungsprozesses. Eingesetzt werden müßten dabei auch alle sozialen Kommunikationsmittel; nicht zuletzt die neuen Medien stünden dann wirklich einmal im Dienst dieser neuen Alten-Dienste.

In der Papst-Botschaft über die Probleme des Alterns aus dem Jahre 1982 ist nicht von ungefähr davon die Rede, daß es – angesichts der mangelhaften Integration der Alten in Familie und Gesellschaft – an der Zeit sei, „geeignete Institutionen für das Alter" zu schaffen. Es sei dabei „höchst wünschenswert, daß diese Institutionen Familiencharakter tragen", um den alternden Mitbürgern das zu vermitteln, was sie am ehesten brauchen: Wärme und Geborgenheit, aber auch eine „gewisse Autonomie" und eigene Tätigkeiten.

Wir dürfen daran erinnern, daß sich seit Jahrtausenden die Sorge für die Alten wie die Aufzucht des Nachwuchses im Schoße der Familie ereignet hat, während die Gesamtlast der Sicherung sich heute nur noch in einem Drei-Generationen-Prozeß vollzieht, wobei die erwerbsfähige Generation, was vielfach übersehen wird, nicht nur die „nicht-mehr", sondern auch die „noch-nicht" erwerbsfähige mit zu betreuen hat. Wie aber läßt sich wohl der Aufbau von Lebensformen in die Wege leiten, in denen ein menschlicher Verkehr unter mindestens drei bis vier Generationen möglich wäre? Wie bringt man diese von Jahr zu Jahr anwachsende soziale Reservearmee in einem sinnvollen Aufbau kleiner Netze zu einem vernünftigen Einsatz?

Rehabilitation in diesem Sinne erfaßt über die Medizin hinaus auch die Felder der Pädagogik, der Sozialwissenschaften, der Ökonomie wie der Theologie; sie richtet sich auf die Erhaltung und Wiederherstellung eines Lebens in privater, familiärer, beruflicher und sozialer Ordnung. Wollen wir re-habilitieren, sollten wir auch wissen wohin, auf welchen „Habitus" hin. Blasse Leitbilder wie „Lebensqualität", „Aktiv bleiben", „Gesundheit für alle" haben da wenig Sinn.

Nun ist im Sozialstaate ganz selbstverständlich auch der „Altenstatus" gesetzlich gesichert samt all den Vorschlägen für eine „flexible Pensionsregelung" bei „ausschleichender Teilzeitbeschäftigung", begleitet von „Beratungsprogrammen für potentielle Pensionäre" und einer „projektiven Laufbahnplanung" für akademische Berufe – und was es alles heute so gibt. Was freilich völlig fehlt, sind konkrete kulturelle Modelle für die wachsenden Freiräume, Freizeiten, die man vor einer oder zwei Generationen noch zu füllen pflegte mit Hausmusik oder Gärtnerei, mit kirchlichen Festen oder privaten Hobbies. Wichtig für eine Kultivierung dieser „späten Freiheit" wäre vor allem jene „Intimität auf Abstand", wie sie der alte Familien-Verband noch gewährte, nicht mehr aber die moderne „Familie ad hoc", die wir als „Familie à la carte" empfinden und eben nicht mehr als ein System optimaler Adaption, wenngleich oft genug auch eine „Synthese des Unmöglichen", wie Goethe die Familie empfand.

Was wir mit diesen und ähnlichen Perspektiven zu entwerfen versuchen, das sind – darüber kann wohl kein Zweifel aufkommen – Modelle und Strategien für die Alten des dritten Jahrtausends, das wir heute bereits im Blick haben sollten und vor allem im Griff. Von einer wirklichen „Altenbildung" kann denn auch heute keine Rede sein. Was wir vorfinden, ist ein Chaos an Altenclubs, Seniorenstudium, Altenarbeit, Akademien für die ältere Generation –, ein hektischer Aktivismus, der Gefahr läuft, zu einer Puzzle-Kultur mit Magazin-Charakter zu entarten, wo es doch gerade hier darauf ankäme, dem Kultur-Konsum zu entkommen und zu einer Aktiv-Kultur zu gelangen. Welche Rolle spielt hier zum Beispiel die Universität mit ihrer prinzipiellen Offenheit für alle Altersklassen?

Welche Rolle spielt etwa dieses Problem der Altenbildung und Altersführung im Curriculum des werdenden Arztes? Von einem „Einbau der Alten in die Universität" ist heute jedenfalls, trotz gerontologischer Forschungsstätten, nichts zu finden. Im Gegenteil: Sinnzusammenhänge des eigenen gelebten Lebens – in Form von intergenerativen Kolloquien und im Rahmen einer interdisziplinären Lebenslauf-Forschung – zu analysieren und zu diskutieren, das ist bisher kein Gegenstand unserer Seminare gewesen.

Und vielleicht auch zu Recht! Sollen wir uns, nachdem wir so gründlich und gräßlich unsere ganze Jugend verschult haben, nun auch noch unsere alten Tage verschulen lassen? Dem Alter ist kaum gedient, wenn man es durch eine permanente Hilfeleistung belästigt. Für beide Aspekte gilt wohl das Prinzip der Subsidiarität, das sich auf Hilfestellung in Not konzentriert. Das soziale Gebilde greift ein, wo der einzelne nichts mehr zu leisten vermag, wo man angewiesen ist auf den höheren Eingriff.

Gleichwohl ist auch auf dem Gebiete der Alten-Selbsthilfe-Gruppen die Situation chaotisch genug. Auf der einen Seite liegt es im Prinzip der „Selbsthilfe", sich nicht gängeln und leiten, nicht professionalisieren oder ghettoisieren zu lassen; auf der anderen Seite droht allenthalben die Gefahr, daß solche Selbsthilfegruppen austrocknen oder umkippen, daß sie kanalisiert und politisiert werden, daß sie entgleisen oder versanden in einem oft so erschreckenden Dilettantismus.

Von Amerika geht neuerdings eine recht aktive Selbsthilfeorganisation älterer Menschen aus, die auch bei uns an Boden gewinnt: die sogenannten „Grauen Panther". Statt sich als Senioren kasernieren und als Greise gängeln zu lassen, entwickeln sie ihre eigene Lebensstrategie zur Bewältigung und Verschönerung ihrer alten Tage, wie sie überhaupt auf dem Prinzip aller Selbsthilfe beharren, daß die Betroffenen selber es im Grunde genommen schon schaffen werden! Es ist dies vielleicht auch die einzige Art und Weise, eine kritische Lage in dieser unserer Welt wirklich zu verändern, zu verbessern, zu bewältigen –, die einzige Möglichkeit, sein Alter zu leben!

6. *Sein Alter leben*

„Es gibt nichts Schöneres auf dieser Welt als einen gesunden weisen alten Mann" (so lesen wir bei dem chinesischen Philosophen Lin Yutang) – nichts Schöneres, ganz gewiß, aber auch nichts Selteneres!

Befristete Lebenszeit fragt ja nach dem Lebensaufbau im ganzen, nach der Lebenseinstellung, die sich so aufdringlich im Alter zu wandeln vermag, womit auch der Horizont ausgewogener und fundierter Gesichtspunkte wächst, die Lebensoptik, das Empfinden für Stil und Proportion, für Rangordnung und Niveau. Man braucht wohl eine längere Zeit, eine recht lange Zeit, zu seiner Selbstentdeckung, zu einer Selbstannahme und zu einer wenigstens annähernden Selbstverwirklichung.

Altern ist Wissen um befristetes Leben, ist und bleibt die Sorge um das Sein in der Zeit. Sicherlich ist Leben ganz einfach auch ein Trieb und ein Treibenlassen; aber man reift nicht nach diesem Trieb, kommt nicht einfach so zur Reife, wie der Apfel am Baum und der Wein in der Rebe. Man gewinnt zeitlebens Distanz und hält auf Distanz, leistet sich mehr an Respekt und auch an Respektlosigkeiten –, und das ist schon ein Kunststück.

Den Weg zu dieser Kunst des Altwerdens und zum Kunstwerk eines Altgewordenseins freilich muß letztlich jeder für sich selber finden. Sein Alter nimmt einem keiner ab. Was wir hier brauchen, sind weniger Lehrmeister als Lebemeister. In Goethes „Faust" jedenfalls ist das „der Weisheit letzter Schluß" –: „Und so verbringt umrungen von Gefahr, / Hier Kindheit, Mann und Greis sein tüchtig Jahr" (Faust II, 5).

Wir sollten uns aber auch nicht nur fragen, was Altern ist, sondern wie es wirkt, auf uns und andere, was es bewirkt, was wir erleiden, was da letztlich geschieht. Alles Werdende ist umschlungen von Lust wie von Leid. Das freilich wissen wir alle nur zu wohl: daß das Ei vom Samen geschürft, die Jungfrau verletzt, die Erde vom Schößling gebrochen, die Hülle von der Knospe gesprengt, der wahrhaft Erzogene geschunden werden mußte, wenn im Leben Reifen und Sinn zutage treten sollen. Das kennen wir sicherlich alle: leidendes, passives, empfindsames Leben, wo immer neue Hüllen sich bilden: Rinden, Schalen, Häute, „die sterben und sich erneuern", so wie Goethe dies in seinen Morphologischen Schriften geschildert hat.

Und auch unser Wissen und Erkennen, es läuft eben nicht fortschrittlich weiter, wie uns die Aufklärer weismachen wollten –: wir brauchen zum Leben das Absterben, das Vergessen, das Aufopfern. Und was sich auch an „Energie und Fülle nach und nach verlieren will", das – meint Goethe – haben wir gewonnen „an Übersicht und Geschmack" und „macht uns gleichsam wieder jung".

„Aber man hat gut reden, gut sich und anderen raten", heißt es in Goethes „Maximen und Reflexionen", und dann weiter: „Älterwerden heißt selbst ein neues Geschäft antreten; alle Verhältnisse verändern sich, und man muß entweder zu handeln ganz aufhören, oder mit Willen und Bewußtsein das neue Rollenfach übernehmen".

Ein neues Rollenfach übernehmen! Schön und gut! Aber

wie? Das ist die Frage! Seit Jahren schon sind sie so modisch voll, unsere Medien, voll vom Motto des Weltgesundheitstages, das da lautet: „Älter werden – aktiv bleiben", ein Motto, das uns höhere Lebensqualität verheißt, auch im vorgeschrittenen Alter, das dem Alter aber auch die Sorge überläßt, „damit die Jugend eine Zeitlang sorglos leben könne", relativ sorglos, denn mit den Jahren kommen die Sorgen.

„Das Alter", schreibt Goethe 1818 an Carus, „kann kein größeres Glück empfinden, als daß es sich in die Jugend hineingewachsen fühlt und mit ihr nun fortwächst" –, dem pädagogischen Eros aufs tiefste verbunden. Gerade das aber erfahren wir alle: die Eltern an ihren Kindern, Lehrer mit ihren Schülern, Männer mit ihren Frauen, Frauen mit ihren Männern, wir alle an uns selber. Und so sehr auch jedes Alter auf jeder Stufe „den Kreis eines durchlaufenden Lebens" bildet, so sehr bleibt es nicht befangen in diesem Kreise, transzendiert vielmehr ständig über sich hinaus, empfängt eine Botschaft und gibt sie weiter, hat etwas – das ist ganz klar – zu sagen, leistet Hilfe zur Selbsthilfe.

Wenn irgendwo, dann in der Geriatrie könnte das heute allenthalben so hochgejubelte Alternativ-Modell der Selbsthilfe an Bedeutung gewinnen. Hier geht es nun wirklich darum, mit sich selber fertig zu werden, auch und gerade im Alter, wo man vertrauter wird mit dem System von Nachsorge und Aushilfen, organischen wie psychischen –, und das ist schon eine Kunst!

In seinem „Streit der Fakultäten" (1798) hat Immanuel Kant diesem Kunstwerk einer „dignitas interna" seine besondere Bewunderung geschenkt, wenn er bekennt: „Es ist nämlich etwas in uns, was zu bewundern wir niemals aufhören können, wenn wir es einmal ins Auge gefaßt haben, und dieses ist zugleich dasjenige, was die Menschheit in der Idee zu einer Würde erhebt, die man am Menschen, als Gegenstand der Erfahrung, nicht vermuten sollte", die man von Natur aus gar nicht vermuten kann und die denn auch erst in uns wächst, je älter wir werden. Eine Persönlichkeit aber, die zeitlebens alle ihre Pflichten erfüllt hat, hat – so Immanuel Kant – allein dadurch schon „Erhabenheit und Würde". Darin allein liegt wohl auch eines Menschen „Würdigkeit, glücklich zu sein".

Für die Gestaltung der Zukunft scheint daher das Kommende besonders maßgebend, das, was auf uns zukommt, was wir erwarten, was wir heimholen in unsere Gegenwart. Jugend ist immer nur dort (so hat es Novalis gewußt), wo Zukunft vorwaltet, Alter, wo die Vergangenheit die Übermacht hat. Reifendes Alter blüht da auf, wo das Kindliche aufbewahrt wurde und immer wieder durchbricht.

Sich seiner Zeit voraus sein und zu jeder Phase auch schon die kommende Situation bedenken, ist eines der großen Geheimnisse im Umgang mit Altwerden. Das beginnt bereits in der frühen Jugend, wo man anfängt, sich in die kreative Berufszeit einzuschwingen. Das reicht hin bis in die berühmte „Vorbereitung auf den Ruhestand", wo man sich frühzeitig schon mit der unvermeidlichen Situation vertraut macht. Das endet schließlich mit einer von jedem von uns neu zu erlernenden Vorbereitung auf den Tod, wobei die „Ars moriendi" immer schon integrierter Bestand der „Ars vivendi" war.

„Kehr wieder in die Kindheit!", ruft Paracelsus dem alten und jedem Menschen zu: „Also sollen wir in die Ruhe gehen und uns umwenden und wieder hinter uns treten in unsere Kindheit zu gleicherweis wie das Alter: je älter, je kindischer"! Und am Ende seines rastlosen Wanderlebens möchte er alle seine Irrwege vergessen, dieser Wanderarzt Paracelsus, um sich ganz in Gottes Hut zu begeben: „Kehr dich wieder – so ruft er in einem Kommentar zum Psalm 114 –, kehr wieder in die Kindheit von dem, was du gelernet hast von den Menschen, und laß ihre Unruhe liegen und ihre Sorgen und ihre Ängste, die sie mit ihrer Weisheit gebrauchen. Und gehe du in die Ruhe deiner Kindheit, deiner Einfalt. Was ist Ruhe hier auf Erden? Nix, keine! Das ist eine Ruhe: Dein Gott läßt sorgen".

Wir alle wohl haben unsere Geisterstunde noch vor uns, jene geheimnisvolle Zeit zwischen Zwölf und Eins, wo alles wieder auftaucht, was nicht fertig geworden, wo jeder versuchen sollte, sich selbst zu Ende zu leben und zu seinem eigenen Frieden zu kommen, um Übergänge zu schaffen in die große Verwandlung. Es gibt sie ganz gewiß und immer noch: „die Gnadenzeit des Nachholens"!

Im Jahre 1780 schrieb der damals noch recht junge Goethe an seine Freundin Sophie von La Roche: „Wir sind ja, denk' ich, alle klüger geworden, es ist Zeit, daß man aufs Alter sammelt." Und in seinem „Winter in Wien" hat der alternde Reinhold Schneider einen Schlußstrich unter seine leidvollen Erfahrungen gezogen, wenn er schreibt: „Es reicht! Ich stelle keine Ansprüche mehr; ich habe genug gesehen für mein Billet. Ich bekomme ein schlechtes Gewissen: so viel habe ich ja gar nicht gezahlt. Auch braucht man das Stück nicht abzusitzen; ich gehe gerne in der Pause."

7. Lob des Alters

Sein Alter leben –! In der „Eruditio didascalica", einer klassischen Schulschrift des 12. Jahrhunderts, hat Hugo von Sankt Viktor ein ganz besonderes Lob des Alterns gesungen, wenn er von dem „amor sapientiae" in einem „corpus marcescens" sagt: Fast alle Vermögen des Leibes (virtutes corporis) verändern sich mit dem Alter, doch während alles übrige im Leben uns einfach davonschwimmt (descrescunt caetera), wächst einzig und allein noch die Weisheit (crescente sola sapientia).

„Ich darf dir wohl ins Ohr sagen", schreibt der alternde Goethe an Zelter, „ich erfahre das Glück, daß mir in meinem hohen Alter Gedanken aufgehen, welche zu verfolgen und in Ausübung zu bringen eine Wiederholung des Lebens gar wohl wert wäre." Das hohe Alter – und das ist schon erschütternd! –, es reizt den Greis, sein Leben, ein volles Leben zu rekapitulieren!

Wie aber sieht es dann aus, wenn wir rekapitulieren? Ich verlasse mich hier auf den alten Konfuzius, der im Rückblick auf sein Leben schrieb: „Ich war 15, und mein Wille war aus auf das Lernen. Mit 30 stand ich fest im Leben; mit 40 hatte ich alle Zweifel überwunden; mit 50 war mir der Wille des Himmels kund; mit 60 war mein Ohr aufgetan; mit 70 konnte ich des Herzens Wünschen folgen, ohne das Maß zu überschreiten".

Bei einem anderen chinesischen Meister – Meng-Thsia – kann man lesen: „Wenn einer alt geworden ist und das Seine getan hat, dann steht ihm zu, sich in der Stille mit dem Tode zu befreunden. Nicht bedarf er der Menschen; er hat ihrer genug gesehen. Wessen er bedarf, ist Stille. Nicht schicklich ist es, einen solchen aufzusuchen, ihn anzureden, ihn mit Schwatzen zu quälen. An der Pforte seiner Behausung ziemt es sich vorbeizugehen, als wäre sie Niemandes Wohnung".

Wie wir aber kein Risiko kennen, dem nicht auch die Chance eingeborgen wäre, so kann man zu Recht auch von den „Chancen des Alters" sprechen. Das ausgewogene Gefühl des richtigen Alters hat Wilhelm Raabe einmal umschrieben, als er meinte: „Wenn ich den Krempel um mich her ansehe und sagen kann, das brauchst du ja nicht mehr!" Und der Frankfurter Psychiater Heinrich Hoffmann (1809 bis 1894), bekannt geworden als Verfasser und Zeichner des „Struwwelpeter", schreibt 1879 an den Lübecker Bürgermeister Theodor Curtius: „Ich begreife nicht, wie so viele Menschen sich über das Alter beklagen und vor dem Alter fürchten. Ich finde in den Lebensbeschränkungen, die es verlangt, so viel Behagliches, Beruhigendes, Friedliches, daß ich, als geborener Optimist, auch diese Lebenszeit für die beste halte, wie noch jede, die ich früher durchmaß".

Im Durchmessen finden wir das Maß, jenen neuen Maßstab, auf den uns „Wilhelm Meisters Lehrjahre" hinweisen, wo es so schlicht und einfach heißt: „Zum Lichte des Verstandes können wir immer gelangen, aber die Fülle des Herzens kann uns niemand geben." Hier findet ein jeder im Alter sein eigenes Maß.

Was für ein Glück aber auch – und davon war noch gar nicht die Rede! –, welches Glück alt zu werden! Man erhält eine Klarheit, deren Jugend einfach nicht fähig ist. Man behält eine Heiterkeit, die höher ist als alle Leidenschaft. Man geht auf Distanz und gewinnt Toleranz. Und selbst die Nachteile lassen die wohltuenden Aspekte des Alters nicht verhüllen. Die Erfahrung wächst ins Uferlose: Was wir von der Welt kennen, ist sehr sehr wenig; was wir wissen, ändert sich mit jedem Augenblick; was wir haben, ist kaum der Rede wert. Uns gegenüber aber bleibt: eine Welt an Unermeßlichkeit, Unvergänglichkeit.

Die Zeit beginnt einem wirklich zu eigen zu werden; eine Quelle von Reichtümern beginnt sich zu erschließen. Alle die scheinbaren Nachteile also, sie alle bringen Gewinn und Genuß: Schwerhörigkeit schützt vor dem lästigen Lärm, Kurzsichtigkeit vor der Aufdringlichkeit des optischen Zirkus. Vergeßlichkeit räumt den Schutt mancher Illusion weg. Den Dingen wird ihre materielle Schärfe und Schwere genommen. Altern ist wie ein großer Urlaub nach diesem Streß, der Leben hieß, Heimkehr vom Streß des Herzens wie des Geistes!

Mit der Heimkehr und Einkehr des erfahrenen Alters stehen wir nun wirklich am Ende unserer Lebenswanderung, auf der man freilich nur etwas erfährt, wenn man ein Erfahrender ist, wenn man geistesgegenwärtig bleibt: im ständigen Selbstgespräch, im Gespräch mit der Welt. Noch ein letztes Mal sollte bei diesem Gespräch von der großen Fahrt die Rede sein, allen Gefahren auch, die man bestanden, in denen man versagt hat, zumal nicht alle Blütenträume reiften, nicht alles Wünschen und Wähnen Wirklichkeit wurde, nicht alle Jungfrauen befreit werden konnten aus den Klauen des Drachen –, und so bleibt es wohl rätselhaft, unser aller Altern, und will bestanden sein als ein nie endendes Abenteuer. Und so treib ich – wie Goethe das nannte – „der Jugend altes Spiel" und will es auch weiter tun und immer weiter – so Gott will!

Literatur

Ackerknecht, Erwin H.: Zur Geschichte der Geriatrie. Schweiz. med. Wschr. 91 (1961) 20–21.
Amery, Jean: Über das Altern. Revolte und Resignation. Stuttgart 1968.
Baader, Franz von: Ueber den Begriff der Zeit. In: Kleine Schriften. Hrsg. Franz Hoffmann. Leipzig 1850.
Baltes, P. B. (Hrsg.): Entwicklungspsychologie der Lebensspanne. Stuttgart 1979.
–: Intelligenz im Alter. Spektrum der Wissenschaft, Mai 1984, 46–60.
Beauvoir, Simone de: Das Alter. Essay. Reinbek b. Hamburg 1972.
Benary-Isbert, Margot: Das Abenteuer des Alterns. Frankfurt a. M. 1965.
Bila, Helen von: Gerontologie. Bestandsaufnahme zur Situation der Alternsforschung in der Bundesrepublik Deutschland. Göttingen 1974.
Bleistein, S. J.: Zur Situation des alten Menschen in der Gesellschaft. Kneipp-Physiotherapie 5 (1985) 7–12.
Bleuel, Hans Peter: Alte Menschen in Deutschland. München 1975.
Blieweis, Theodor (Hrsg.): Die dritte Lebensphase. Freiburg i. Br. 1971.
Blume, Otto: Möglichkeiten und Grenzen der Altenhilfe. Tübingen 1968.
Böhlau, Volkmar (Hrsg.): Wege zur Erforschung des Alterns. Darmstadt 1973.
– (Hrsg.): Altern als Behinderung in Beruf und Gesellschaft. Stuttgart, New York 1981.
– (Hrsg.): Altern und Gesundheit. Stuttgart, New York 1982.
Boll, F.: Die Lebensalter. In: N. Jb. klass. Altertum. Gesch. u. Lit. 16 (1931), 31. Bd.
Borchert, Manfred (u. a. Hrsg.): Un-Ruhestand. Bewußt Älterwerden/Aktiv im Alter, Reinbek 1980.
Brüggemann, Walter: Das Alter als Aufgabe. Der Kassenarzt 18 (1978) Heft 7.
Brüschke, G.: Moderne Alternsforschung. Berlin (Ost) 1974.
– (u. a. Hrsg.): Handbuch der Gerontologie. Bd. 1. Jena 1978.
Bühler, Charlotte: Der menschliche Lebenslauf als psychologisches Problem. 2. Aufl. Göttingen 1959.
Bürger, Max: Altern und Krankheit Leipzig 1954.
–: Altern und Krankheit als Problem der Biomophose. Leipzig 1960.
Buss, Franz Joseph: System der gesammten Armenpflege. I. Bd. Stuttgart 1843.
Christian, Paul: Die Zeitlichkeit aus der Sicht der Medizinischen Anthropolo-

gie. In: Naturwissenschaft und Theologie, H. 12, Freiburg i. Br., München 1970, S. 91–117.

Cicero, Marcus Tullius: Cato maior sive de senectute. Loeb's Classical Library. New York 1930.

Conrad, Christoph und Hans-Joachim von Kondratowitz (Hrsg.): Gerontologie und Sozialgeschichte. Wege zu einer historischen Betrachtung des Alters. Berlin 1983.

Cornaro, Luigi: Trattato della vita sobria. Padua 1558.

Dirks, Walter: Humanisierung des Alters. In: Last und Lob des Alters. Hrsg. Kurt Lothar Tank. Stuttgart, Berlin 1974.

Doerr, Wilhelm: Anthropologie des Krankhaften. Wiener Med. Wschr. 124 (1974) 209.

–: Altern als somatisches Faktum. Heidelberger Jb. 20 (1976) 1–18.

–: Altern – Schicksal oder Krankheit. Sitzungsberichte der Heidelberger Akad. d. Wiss. Berlin, Heidelberg, New York, Tokyo 1983.

Eichenlaub, John E.: Die zweite Hälfte des Lebens. Rüschlikon – Zürich 1968.

Eitner, Siegfried: Gerohygiene. Hygiene des Alterns als Problem der Lebensgestaltung. Berlin (Ost) 1966.

Estler, Claus-Jürgen: Grundlagen der Pharmakotherapie beim alten Menschen. Deutsche Apotheker-Zeitung 125 (1985) 1681–1686.

Floyer, John: Medicina Gerocomica. London 1724.

Fourastié, Jean: Die 40 000 Stunden. Aufgaben und Chancen der sozialen Evolution. Düsseldorf, Wien 1966.

Gercke, W.: Sozialmedizinische Aspekte der Gerontologie. In: Wege zur Erforschung des Alterns. Hrsg. Volkmar Böhlau. Darmstadt 1973, S. 464–481.

Gesellschaft für sozialen Fortschritt, Bonn: Die Situation des alten Menschen. Bericht eines Ausschusses. Berlin 1964.

Glaser, Hugo: Von Swietens Rat an die Alten. In: Festschrift für Max Neuburger. Wien 1948.

Goerttler, Klaus: die pathologisch-anatomische Karzinomdiagnose im Alter. Zschr. f. Gerontologie 18 (1985) 124–133.

Graul, Emil Heinz (Hrsg.): Die menschlichen Lebensbedingungen. Köln 1974.

Grimm, Jakob: Rede über das Alter. Hrsg. Hermann Grimm. Berlin 1864.

Grmek, M. D.: On Aging and old Age. Den Haag 1958.

Gronemeyer, Reimer und Hans Eckehard Bahr (Hrsg.): Niemand ist zu alt. Selbsthilfe und Alten-Initiativen in der Bundesrepublik. Frankfurt a. M. 1979.

Grüneisen, Hanna: Bedachte Zeit. Vom Älterwerden. Gelnhausen 1970.

Gruhle, H. W.: Das seelische Altern. Zschr. f. Alternsforschung 1 (1938) 89–95.

Guardini, Romano: Die Lebensalter – ihre ethische und pädagogische Bedeutung. 6. Aufl. Würzburg 1961.

Hartmann, Fritz: Der alternde Mensch als ärztliche Aufgabe. Zschr. Bäder- u. Klimahlk. 27 (1980) 339–347.

Heidegger, Martin: Sein und Zeit. Halle 1927.

Hellpach, Willy: Das Wellengesetz unseres Lebens. Hamburg 1941.

Herrmann, Helga: Lernziel Ruhestand. Weiterbildung für die 3. Lebensphase. Köln 1981.

Hoffmann, Friedrich: Gründliche Anweisung, wie ein Mensch vor dem frühzeitigen Tod und allerhand Arten Krankheiten durch ordentliche Lebens-Art sich verwahren könne. Halle 1715.
Hohmeier, Jürgen u. Hans-Joachim Pohl (Hrsg.): Altern als Stigma. Frankfurt 1978.
Hübscher, A.: Vorbereitung auf das Alter: Die Kräfte sammeln – philosophische Aspekte. Ärztl. Praxis 26 (1974) 960–963.
Hufeland, Christoph Wilhelm: Makrobiotik oder die Kunst das menschliche Leben zu verlängern. Nachdruck. Stuttgart 1958.
Illinger, Harald: Medizinische und psychosoziale Aspekte im Alter – Eine Literaturauswahl mit Inhaltsangaben. Berlin 1981.
Imhof, Arthur-E. (u. a. Hrsg.): Le vieillissement. Implications et conséquences de l'allongement de la vie humaine depuis le XVIIIe siècle. Lyon 1982.
–: Die gewonnenen Jahre. München 1981.
Johannes Paul II.: Botschaft an die UN-Weltkonferenz über die Probleme des Alterns in Wien (26. Juli bis 7. August 1982). Arzt und Christ 28 (1982) 218–223.
Jungmann, Horst: Naturgemäße Heilmethoden. Eine Einführung. Darmstadt 1985.
Kaiser, Hanns (Hrsg.): Der Mensch im Alter. Schriftenreihe der Med. Pharmaz. Studienges. Bd. 1. Frankfurt 1962.
Kastenbaum, Robert: Leben im Alter. Jahre der Erfüllung. Weinheim, Basel 1980.
Klencke, Hermann: Hauslexikon der Gesundheitslehre für Leib und Seele. Ein Familienbuch. Leipzig 1872.
Klose, F.: Das Alter als sozialhygienisches Problem. Kiel 1955.
Kogon, Eugen: Solidarität der Generationen. In: Last und Lob des Alters. Hrsg. Kurt Lothar Tank. Stuttgart, Berlin 1974, S. 91–101.
Korschelt, E.: Altern und Tod. Jena 1924.
Krüger, Horst: Über das Alter. In: Last und Lob des Alters. Hrsg. Kurt Lothar Tank. Stuttgart, Berlin 1974, S. 14–22.
Die Kunst alt zu werden. 11 Beiträge von Hans Schaefer, Jakob Bauer, Gustav Schimert u. a. München 1962.
Lang, Erich, M. Bergener und Ingeborg Falck: Wissensstand und Standort der Altersmedizin. Der deutsche Arzt 33 (1983) 33–42.
Lasch, Christian: Das Zeitalter des Narzißmus. München 1980.
Ledergerber, Karl: Worauf es im Alter ankommt. Sinn und Gewinn der dritten Lebensphase. Freiburg, Basel, Wien 1980.
Lehr, Ursula: Psychologie des Alterns. Heidelberg 1972.
–: Der ältere Mensch in der Industriegesellschaft. In: Arzt und Patient in der Industriegesellschaft. Hrsg. Otto Döhner. Frankfurt 1973, S. 97–123.
–: Altern. Editorial zu „Schwerpunkt: Altern". Medizin, Mensch, Gesellschaft 5 (1980) 137–140.
–: Frühpensionierung – ein Danaergeschenk. IBM Nachrichten 33 (1983) 13–27.
– (Hrsg.): Altern – Tatsachen und Perspektiven. Ergebnisse interdisziplinärer gerontologischer Forschung. Bonn 1983.
Liefmann-Keil, Elisabeth: Gegenwart und Zukunft der sozialen Altersvorsorge. Göttingen 1967.

Loewenich, W. von: Vorbereitung auf das Alter: Theologische Aspekte. Ärztl. Praxis 26 (1974) 814–898.
Lüth, Paul: Geschichte der Geriatrie. Stuttgart 1965.
Mann, Ulrich: Homo Abyssus. Stuttgart 1981.
Mendelssohn-Bartholdy, E. (Hrsg.): Souverän altern. Zürich, Stuttgart 1962.
Minister für Arbeit, Gesundheit und Soziales des Landes Nordrhein-Westfalen (Hrsg.): „Älterwerden – aktiv bleiben". Schwerpunktheft zum Weltgesundheitstag 1982. Dokumentation: Sozialmedizin, öffentlicher Gesundheitsdienst, Arbeitsmedizin 14 (1982) H. 2.
Müller, Karl: Die Entwicklung der Geriatrie im 18. Jahrhundert. Med. Diss. Zürich 1966.
Nell-Breuning, Oswald von: Soziale Sicherheit? Zu Grundfragen der Sozialordnung aus christlicher Verantwortung. Freiburg, Basel, Wien 1979.
Neuenstein, Meta von: Die letzte Askese. Über die Seligkeit hohen Alterns. Christ in der Gegenwart 33 (1981) 246.
Nietzsche, Friedrich: Werke in drei Bänden. Hrsg. Karl Schlechta. München 1954–1956.
Oehme, Curt: Über Altern und Tod. Rede zur Stiftungsfeier der Akademie der Wissenschaften in Heidelberg. Heidelberg 1944.
Oesterreich, Klaus: Älterwerden ohne Angst. Stuttgart 1982.
Oesterreich, K. u. O. Wagner: Psychopathologie des Alterns und Voralterung – Historische Entwicklung der Begriffsbildung. Zschr. Gerontol. 15 (1982) 314–320.
Orth, H.: Die Geriatrie der griechischen Antike. Centaurus 8 (1963) 19–47.
Oswald, W. D. u. U. M. Fleischmann: Experimentelle Gerontopsychologie. Weinheim, Basel 1981.
Paracelsus: Sämtliche Werke. 1. Abt.: Medizinische, naturwissenschaftliche und philosophische Schriften. Hrsg. Karl Sudhoff. Bde. I–XIV. München, Berlin 1922–1933.
2. Abt. Theologische und religionsphilosophische Schriften. Hrsg. Kurt Goldammer. Bde. II–VII. Wiesbaden 1965 ff.
Platt, Dieter: Physiologische und pathologische Phänomene des Alterns. Dtsch. Ärztebl. 78 (1981) 1727–1731.
–: Medikation im Alter. Dtsch. Ärztebl. 82 (1985) 3546–3548.
Radebold, H. u. F. Gruber: Psychosoziale Gerontologie. Freiburg i. Br. 1979.
Reimann, Horst und Helga (Hrsg.): Das Alter. Einführung in die Gerontologie. Stuttgart 1983.
Renker, K. (Hrsg.): Grundlagen der Rehabilitation in der Deutschen Demokratischen Republik. Berlin (Ost) 1975.
Rössner, Lutz: Sozialpsychologische Probleme des Alterns. München 1963.
Rosenmayr, Leopold und Hilde (Hrsg.): Der alte Mensch in der Gesellschaft. Reinbek 1978.
Rosenmayr, Leopold (Hrsg.): Die menschlichen Lebensalter – Kontinuität und Krisen. München, Zürich 1978.
–: Die späte Freiheit. Das Alter – ein Stück bewußt gelebten Lebens. Berlin 1983.
–: Der Kampf für und wider das Neue. Der Generationenkonflikt und die Entwicklungsfähigkeit älterer Menschen bei gehobener Tätigkeit in der Arbeitswelt. Conturen 6 (1985) 55–78.

Rosenstock, Eugen: Die rückwärts gelebte Zeit. Die Kreatur 3 (1929) 101–117.
Scanziani, Piero: Was heißt hier alt? Die Kunst, gesund und aktiv zu bleiben. München, Luzern 1984.
Schenda, Rudolf: Das Elend der alten Leute. Düsseldorf 1972.
Schettler, Gotthard (Hrsg.): Alterskrankheiten. Stuttgart 1966.
–: Der Mensch und seine Jahre. Berlin 1971.
–: Der Mensch ist so jung wie seine Gefäße. München 1982.
Schipperges, Heinrich: Altern als Provokation. Das befristete Leben als Problem. Arzt und Christ 20 (1974) 186–204.
–: Begriffe, Geschichte, Programme der medizinischen Rehabiliation. Therapiewoche 28 (1978) 241–254.
–: Gesundheit im Alter – historische und philosophische Aspekte. In: Altern und Gesundheit. Hrsg. V. Böhlau. Stuttgart, New York 1982, S. 23–49.
Schlemmer, Johannes (Hrsg.): Der alte Mensch in unserer Zeit. Vortragsreihe des Heidelberger Studio. Stuttgart 1958.
Schmid, Magnus: Wesen und Aufgabe der Gerontologie in medizingeschichtlicher Sicht. In: Kongreßführer Dtsch. Ges. Gerontologie 10 (1973) 38–44.
–: Vorbereitung auf das Alter in medizinhistorischer Sicht. Ärztl. Praxis 25 (1973) 4540–4544.
Schmidt, Udo-Jürgen (u. a. Hrsg.): Altern in der sozialistischen Gesellschaft. Ethische, soziale und medizinische Aspekte. Jena 1982.
Schneider, Hans-Dieter: Aspekte des Alterns. Frankfurt a. M. 1974.
–: Bildung für das dritte Lebensalter. Zürich 1975.
–: Sexualverhalten in der zweiten Lebenshälfte. Ergebnisse sozialwissenschaftlicher Forschung. Stuttgart, Berlin, Köln, Mainz 1980
Schubert, René: Aktuelle Probleme der Geriatrie, Geropsychologie, Gerosoziologie und Altenfürsorge. Darmstadt 1970.
Selby, Philipp and Mal Schechter: Aging 2000 – a Challenge for Society. Lancaster, Boston, The Hague 1982.
Sitzmann, Gerhard: Lernen für das Alter. Diessen 1970.
Sonnet, André: Schach dem Alter. Von der Kunst, lange und gesund zu leben. Tübingen 1958.
Spranger, Eduard: Lebenserfahrung. Tübingen 1947.
Steinmann, B.: Der Chronischkranke und das Altern. Ärztl. Praxis 26 (1974) 207–209.
Stern, Erich: Der Mensch in der zweiten Lebenshälfte. Psychologie des Alterns und des Alters. Zürich 1955.
Sternberger, Adolf: Der verstandene Tod. Leipzig 1935.
Steudel, Johannes: Zur Geschichte der Lehre von den Greisenkrankheiten. Sudhoffs Arch. Gesch. Med. Naturw. 35 (1942) 1–27.
–: Gerokomie. Dtsch. Med. J. 7 (1956) 89–91.
Stiftung Volkswagenwerk (Hrsg.): Alternsforschung. Berichte zu einem Förderungsschwerpunkt. Göttingen 1981.
Sundermann, August: Alter und Altern. Beiträge zur Geschichte der Universität Erfurt 19 (1979–1983) 369–380.
Swieten, Gerhard van: Rede über die Erhaltung der Gesundheit der Greise (Wien 1778). Hrsg. Hugo Glaser. Leipzig 1964.
Tank, Kurt Lothar (Hrsg.): Last und Lob des Alters. Stuttgart, Berlin 1974.
Tartler, Rudolf: Das Alter in der modernen Gesellschaft. Stuttgart 1961.

Tetens, Johannes Nikolaus: Philosophische Versuche über die menschliche Natur und ihre Entwicklung. Leipzig 1777.
Tews, Hans Peter: Soziologie des Alterns. Bde. I/II. Heidelberg 1971.
Theimer, Walter: Altern und Alter. Stand der experimentellen Gerontologie. Stuttgart 1973.
Thieding, Friedrich: Der alte Mensch und die Gesellschaft. Eine sozialmedizinische Studie. Stuttgart 1965.
Thomae, Hans: Psychische und soziale Aspekte des Alterns. Zschr. f. Gerontologie 1 (1968) 43–55.
–: Psychologische Aspekte einer Geroprophylaxe im Jugend- und frühen Erwachsenenalter. Ärztl. Praxis 26 (1974) 626–630.
–: Altersstile und Alternsschicksale. Bern 1983.
Thomae, Hans u. Ursula Lehr (Hrsg.): Altern, Probleme und Tatsachen. Frankfurt a. M. 1968.
Thun, Theophil: Das religiöse Schicksal des alten Menschen. Stuttgart 1969.
Tissot, Simon-André: Avis du peuple sur la santé. Lausanne 1761.
–: Von der Gesundheit der Gelehrten. Leipzig 1769.
Tokarski, Walter u. Reinhard Schmitz-Scherzer: Alter: Leben ohne Arbeit – Leben für die Freizeit? Ein Beitrag zur sozialen Gerontologie. Öff. Gesundh.-Wesen 45 (1983) 7–11.
Vischer, Adolf Lukas: Das Alter als Schicksal und Erfüllung. Basel 1955.
–: ABC für alte Menschen in gesunden und kranken Tagen. Stuttgart 1968.
Weltgesundheitsorganisation: Älter werden – aktiv bleiben. Kopenhagen 1982.
Wiedemann, Hans-Rudolf: Altersbriefe bedeutender Menschen in Handschrift und Druck. Lübeck 1984.
Woltereck, Heinz: Das Alter ist das zweite Leben. Bericht über eine neue Wissenschaft vom Menschen. Stuttgart 1956.
Word Health Organization (Ed.): Primary Health Care, Alma-Ata 1978. Geneva 1978.
Zarncke, Lilly: Das Alter als Aufgabe. 2. Aufl. Freiburg 1966.
Zerbi, Gabriele: Gerontocomia scilicet de senum cura atque victu. Rom 1489.

Sein Alter glücklich leben

Rudolf Köster
Im Gleichgewicht bleiben
Umgang mit seelischen Belastungen
Band 1334, 128 Seiten

Irma und Walter Hildebrandt
Leben aus der Kraft der Stille
Band 1329, 128 Seiten

Eckehard Saß
Gut ist es allein zu sein
Erfahrungen mit Einsamkeit
Band 1340, 128 Seiten (Februar 1987)

Worte zum Abschied
Ein Trostbuch
Herausgegeben und eingeleitet von Otto Betz
Band 1330, 224 Seiten

Jürg Wunderli
Schritte nach innen
Meine Erfahrungen mit Meditationen
Band 1178, 128 Seiten

Herderbücherei

Humor und Unterhaltung

Adalbert Ludwig Balling
Lustige Leute leben länger
Heitere Anekdoten aus alter und neuer Zeit
Band 1093, 128 Seiten, 2. Auflage

Margot Benary-Isbert
Die Großmutter und ihr erster Enkel
Band 349, 128 Seiten, 12. Auflage

Fritz Müller-Partenkirchen
Der vergnügte Professor
Erinnerungen an meine Schulzeit
Band 828, 128 Seiten

Ulrike Rotzinger
Alt werden kann ich immer noch
Heiteres aus späten Lebensjahren
Band 1138, 128 Seiten

Wer stört denn da schon wieder?
Alte und neue Schulgeschichten
Herausgegeben von Theo Rombach
Band 1274, 352 Seiten

Herderbücherei